DAS BESTE VON IBIZA + FORMENTERA IN 5 ROUTEN

ROUTE 1 > IBIZA-STADT S. 18

Ibiza-Stadt hat viele Gesichter und steckt voller Kontraste. Auf dieser Route erkundest du den modernen, luxuriösen Jachthafen, die sc[illegible] Plätze mit tollen Restaurants und die alten Gassen [illegible] umsonst auf der [illegible]

ROUTE 2 > SANTA EULÀR[illegible]

Die ultimative Kombination aus [illegible] nander und auf jeden Fall einen Besuch [illegible] Boulevard und genieß gleichzeitig die Küste. Santa Eulària quillt über von tollen Restaurants, sodass du auch kulinarisch auf deine Kosten kommst.

ROUTE 3 > NORDWEST-IBIZA 🚗 S. 58

Diese Autotour führt dich aufs Land und durch die charmanten Dörfer Ibizas. Sie bietet tolle Aussichtspunkte, lokale Märkte, gute Bodegas, verschwiegene Buchten und empfehlenswerte Restaurants. Lass dich auf die ungezwungene Atmosphäre ein, die von den Hippies so genossen wird!

ROUTE 4 > SÜD-IBIZA 🚗 S. 78

Erklimm den höchsten Gipfel der Insel, genieß den Blick auf den magischen Felsen Es Vedra, iss Paella mit den Füßen im Sand und relax beim fantastischen Sonnenuntergang an den Salzseen. Das alles kannst du auf dieser Route erleben. Die herrliche Natur steht hier ganz im Zentrum.

ROUTE 5 > FORMENTERA 🚲 🛵 S. 98

Erkunde diese Insel per Rad oder Motorroller. Tauch ein in das blaueste Wasser Europas, bestaune die rosa gefärbten Salzseen, genieß dein Mittagessen in der idyllischen Hauptstadt oder fahr zum großen weißen Leuchtturm. Ein herrlicher Tagesausflug in deinem Ibiza-Urlaub!

HAPPY TIME GUIDE IBIZA + FORMENTERA

Raus aus dem Hotel und direkt los in die schönsten Ecken der Stadt! Unterwegs zu neuen Restaurants, zum besten Kaffee und zu lokal gebrautem Bier. Im **happy time guide** teilen unsere lokalen Autoren aus Liebe zu ihrer Stadt echte Highlights mit dir. So überspringst du die überfüllten Nullachtfünfzehn-Shoppingmeilen und findest während des Spaziergangs entlang von Sehenswürdigkeiten die schönsten Adressen, die bei den Einheimischen angesagt sind. Genieß jede Sekunde und hol aus deinem Städtetrip alles heraus!

AUF NACH IBIZA + FORMENTERA!

Die Insel, die für die großen Clubs bekannt ist, in denen die angesagtesten DJs der Welt auflegen, die aber noch vieles mehr zu bieten hat. Du entdeckst malerische Buchten, trinkst Cocktails beim fantastischen Sonnenuntergang, besuchst versteckte Restaurants, die nur die Locals kennen, schlenderst über Hippiemärkte oder fährst durch hübsche Dörfer. Auf Ibiza ist alles möglich. Ob du mit Kindern Urlaub machst, mit Partnerin oder Partner oder als Freundesgruppe – auf dieser schönen Insel kommt garantiert keine Langeweile auf. Neugierig, ob es noch paradiesischer geht? Dann unternimm einen Tagesausflug mit der Fähre nach Formentera, wo das Wasser noch blauer ist (falls das überhaupt möglich ist).

Der **happy time guide** zeigt dir tolle Wanderungen, Radtouren oder Autotrips, damit du Ibiza in deinem Tempo entdecken und den lokalen Lifestyle erleben kannst. Ohne dass du etwas vorbereiten musst. Wir führen dich auf unseren Touren zu unseren Lieblingsrestaurants, Cafés, Museen, Buchten, Geschäften und Sehenswürdigkeiten: an die Orte, die wir selbst gern besuchen, um eine schöne Zeit zu verbringen. Vielleicht begegnen wir uns sogar!

Keine der Adressen, die wir beschreiben, hat für die Erwähnung bezahlt, weder für Text noch für Fotos. Sämtliche Texte wurden von einer unabhängigen Redaktion verfasst.

Best tips ever!

Take a walk on the wild side

VOR ORT

JULIETTE SOMERS

STADT

SANT JOSEP DE SA TALAIA

JOB & TÄTIGKEITEN

EVENTPLANER & PRODUCER

Juliette genießt das Inselleben auf Ibiza bereits seit acht Jahren. In ihrer Freizeit liebt sie Hiking bei Portitxol, mediterrane Tapas im Restaurant La Paloma oder sonntags den Hippiemarkt von Sant Joan.

PRAKTISCHE INFOS

Auf den fünf Routen in diesem Guide kannst du die schönsten Ecken, Dörfer und Buchten Ibizas und Formenteras in deinem eigenen Tempo zu Fuß, mit dem Rad oder dem Auto entdecken. Die Touren zeigen dir Museen und Sehenswürdigkeiten, aber vor allem auch, wo du gut essen und trinken, shoppen, schwimmen, genießen und Schönes erleben kannst. Auf der Übersichtskarte vorn im Guide kannst du sehen, durch welche Inselteile die Strecken verlaufen.

Jede Tour wird am Anfang des jeweiligen Kapitels auf einem detaillierten Plan gezeigt. Auf diesem Plan sind auch alle Adressen aufgeführt. An der Farbe der Kreise kannst du erkennen, um was für eine Adresse es sich handelt (siehe Legende unten auf dieser Seite). Weiter im Kapitel wird jede Adresse immer detailliert beschrieben. Ohne ausführlichen Besuch dieser Adressen dauert jede Tour etwa ein, zwei Stunden und maximal fünf Stunden. Die Entfernung in Kilometern findest du oben in der Streckenbeschreibung.

PREISE

Um dir eine Vorstellung von den Preisen in Restaurants zu geben, findest du bei diesen Adressen immer auch Preisangaben. Wenn nicht anders angegeben, handelt es sich um den Durchschnittspreis für ein Hauptgericht. Bei den Eintrittspreisen für Sehenswürdigkeiten handelt es sich um die Normalpreise, mögliche reduzierte Preise führen wir nicht auf.

SPRACHE

Die meisten Einwohner auf Ibiza sprechen eine Variante des Katalanischen mit Iberico-Dialekt. Außerdem Kastilianisch, die häufigste spanische Sprache. Weil

LEGENDE

- >> SEHENSWÜRDIGKEITEN
- >> ESSEN & TRINKEN
- >> SHOPPEN
- >> FREIZEITTIPPS

beide Sprachen an den Grund- und Mittelschulen gleichberechtigt verwendet werden, bleiben sie lebendig. Das merkst du auch an den Speisekarten in den Restaurants oder den Ortsnamen auf den Verkehrsschildern. So heißt es auf Kastilianisch Ibiza, im Katalanischen jedoch Eivissa.

ESSGEWOHNHEITEN

Die Locals nehmen ein hastiges Frühstück mit Kaffee und Saft zu sich, gegen 11.00 Uhr ein süßes Brötchen. Von 14.00 bis 17.00 Uhr halten die meisten Siesta und genießen eine üppige warme Mahlzeit mit Familie oder Freunden. Danach geht es nochmals für einige Stunden an die Arbeit. Abends gibt es oft ein *bocadillo*, ein Stück Brot mit frischer Wurst oder Käse, und ein paar Oliven.

Sonntag ist ein echter Familientag für die Inselbewohner. Sie verabreden sich oft in Restaurants, wo ausgiebig miteinander gespeist wird. Den lauten, temperamentvollen Gesprächen spanischer Familien kann man sich kaum entziehen ...

FONDAPLATÉ

SOMMER UND WINTER

Ibiza hat ganz klare Hauptreisezeiten. Die Sommersaison erstreckt sich ungefähr von Mai bis Oktober. In der Wintersaison (November bis April) sind Läden und Restaurants in touristischen Gegenden häufig geschlossen. Wenn du gern das temperamentvolle Dalt Vila erleben, Touristenströme aber meiden möchtest, fährst du am besten im Mai oder Ende September auf die Insel. Dann sind die Temperaturen oft auch angenehm und alles hat geöffnet.

Du fährst außerhalb der Hochsaison? Dann berücksichtige bitte, dass sich die Öffnungszeiten in diesem Guide auf die Monate Mai bis Oktober beziehen. Außerhalb der Saison werden sie regelmäßig angepasst oder eingeschränkt. Häufig machen die Unternehmer dann selbst Urlaub. In diesem Guide können leider nicht alle Öffnungszeiten aufgeführt werden, schau daher außerhalb der Saison im Internet nach aktuellen Öffnungszeiten.

NATUR

Auf Ibiza gibt es den Frühling eigentlich zweimal, im Frühling selbst und im Herbst. Um Oktober/November und Februar/März ist die Insel in Grün getaucht, die Pflanzen stehen komplett in Blüte, weil es häufiger regnet. Ein berühmtes, hinreißendes Naturschauspiel ist die Blüte der Mandelbäume im Februar/März. Täler wie Santa Agnès erstrahlen dann in Rosé. In beiden „Frühlingen" kann man auch viele Jungtiere beobachten, z. B. kleine Lämmer. Also doppelte Freude!

BESONDERES FESTIVAL

Am ersten oder zweiten Maiwochenende findet das mehrtägige Festival Medival auf einem Gelände in der Nähe von Dalt Vila statt. Dann gibt es überall Stände voll leckerer Speisen und Spezialitäten, während die Altstadt herrlich geschmückt wird. Die Verkäufer tragen traditionelle Trachten oder orientalischen Prunk, weil Ibiza bei den Marokkanern dereinst ein beliebter Rückzugsort war.

FEIERTAGE

Ibiza und Formentera gehören zur Inselgruppe der Balearen. An Feiertagen sind nahezu alle Geschäfte geschlossen. Neben Karfreitag, Ostern, Pfingsten und dem ersten Weihnachtstag gibt es auf Ibiza folgende lokale und nationale Feier- und Gedenktage:

1. Januar > Neujahr
6. Januar > Heilige Drei Könige
1. März > Tag der Balearen
1. Mai > Tag der Arbeit
8. August > Tag des Guillem de Montgrí
15. August > Mariä Himmelfahrt
12. Oktober > Kolumbustag
1. November > Allerheiligen
6. Dezember > Tag der spanischen Verfassung
8. Dezember > Mariä Empfängnis

Neujahr – 1. Januar
Erwarte kein Feuerwerk, sondern besuch ein gutes Restaurant oder eine Bar, um das Jahr auf festliche Weise beim Tanz ausklingen zu lassen. Die Einheimischen verzehren bei jedem Glockenschlag eine Traube.

Heilige Drei Könige – 6. Januar
Wie wir Nikolaus oder Weihnachten mit Geschenken feiern, machen das die spanischen Kinder am Heilige Drei Könige.

Tag der Balearen – 1. März
An diesem Tag wird gefeiert, dass die Inselgruppe der Balearen zur autonomen spanischen Region wurde. Seit 1983 ist eine besondere Flagge im Einsatz.

Tag des Guillem de Montgrí – 8. August
Als Ehrung für Guillem de Montgrí, verantwortlich für die katalonische Eroberung 1235, wird um 23.00 Uhr ein prächtiges Feuerwerk am Hafen von Ibiza-Stadt veranstaltet. Tipp: Von der Marina Botafoch, dem Hafen gegenüber, hast du den besten Blick ...

Kolumbustag (Nationalfeiertag) – 12. Oktober
1492 landete der Italiener Columbus in spanischen Diensten in Amerika. Manche glauben, dass der Entdeckungsreisende auf Ibiza geboren wurde. Am Kreisverkehr von Sant Antoni steht deshalb das „Ei des Kolumbus".

Croissant Show
IBIZA

Tag der Verfassung – 6. Dezember
1978 stimmten 98 Prozent der Bevölkerung Spaniens für die neue Verfassung.

HAST DU NOCH TIPPS?
Wir haben diesen Reiseführer mit größtmöglicher Sorgfalt zusammengestellt. Das Angebot an Läden und Restaurants wechselt in Ibiza und Formentera jedoch fortwährend. Wir sind bemüht, die Routen und Adressen auf dem aktuellen Stand zu halten, und überarbeiten diesen Reiseführer regelmäßig. Wenn du trotzdem eine Adresse nicht mehr finden kannst oder andere Anmerkungen oder Tipps zu diesem Reiseführer hast, dann lass es uns wissen. Schreib uns eine E-Mail an lektorat@verlagshaus.de.

VERKEHR

FLUGHAFEN

Der **Flughafen** von Ibiza, Aeropuerto de Ibiza, hat direkt am Ausgang einen großen Sammelplatz für Taxis. In der Hauptsaison stehen hier manchmal lange Schlangen, deshalb ist es besser, ein Auto zu mieten. Eine Reihe Vermietungsunternehmen haben Fahrzeuge direkt am Flughafen an P3 oder dort im Parkhaus stehen. Es gibt aber auch Mietfirmen außerhalb des Flughafengeländes. Mit einem Shuttlebus geht es dann in ein Industriegebiet, wo du deinen Mietwagen abholen kannst. Du möchtest mit dem Bus fahren? Linie 9 fährt dich vom Flughafen nach Sant Josep und Sant Antoni, Linie 10 verkehrt ab Flughafen nach Ibiza-Stadt. Achtung, der Bus fährt in den Sommermonaten nur einmal stündlich.

ÖFFENTLICHE VERKEHRSMITTEL

Auf der Insel Ibiza kommst du ohne Auto eigentlich nirgendwo hin. Die **Busverbindungen** aus den größeren Orten Ibiza-Stadt, Santa Eulària und Sant Antonio sind jedoch ausgezeichnet. Zudem sind die Verbindungen Mitte der Hochsaison (Mai–September) einigermaßen verlässlich, außerhalb der Saison jedoch fahren sie touristische Ziele nicht mehr an und die Fahrer überspringen gern eine der Fahrten. Auf Formentera gibt es keine öffentlichen Verkehrsmittel, hier kommst du aber zu Fuß oder mit dem Rad gut zurecht. Die Routen führen über Landstraßen oder Dünenwege – nur einmal geht es ein Stück an der Autostraße entlang.

AUTO & MOTORROLLER

Am besten mietest du ein **Auto** oder einen **Motorroller**, um Ibiza zu erkunden. Dann erreichst du auch Ecken, zu denen die Busse nicht fahren und entdeckst besondere Fleckchen. Ein Auto kannst du bei OK Rent a Car (okrentacar.es) mieten, hier werden gerade außerhalb der Saison recht faire Preise geboten. Eine andere Option ist Motoluis (www.motoluis.com), hier wartet das Auto oder der Motorroller möglicherweise direkt am Flugplatz. Deinen Mietwagen von Ibiza darfst du auf die Fähre nach Formentera nicht mitnehmen. Um Überfüllung auf der kleinen Insel zu vermeiden, sind nur Mietwagen erlaubt, die auf Formentera angemietet wurden. Einheimische dürfen ihre Fahrzeuge zwar außerhalb der Saison mitnehmen, aber auch nicht im Sommerzeitraum.

Die Entfernungen auf Ibiza sind nicht besonders groß. Von Westen nach Osten fährt man mit dem Auto etwa eine halbe Stunde, da es nur 20 Kilometer sind. Vom Norden nach Süden bist du ein bisschen länger unterwegs. Dann hast du 41 Kilometer vor dir. Formentera ist viel kleiner, es ist nur 19 Kilometer lang. Du fährst mit dem Auto innerhalb von 30 bis 35 Minuten von einer zur anderen Inselseite.

TAXI

Wenn du keine Gelegenheit hast, ein Auto zu mieten, oder nur für einen Blitzbesuch dort bist, nimm ein **Taxi** und nach Möglichkeit den Bus. Die Taxipreise sind mit 1,20 Euro Grundtarif und etwa 1 Euro pro Kilometer angemessen. Nutze „Radio Taxi", es handelt sich um registrierte Taxis, die sich an diese Tarife halten müssen. Bestell ein Taxi bei der Zentrale von Radio Taxi (+34 971 33 33 33).

AUSFLUG NACH FORMENTERA

Du möchtest auf die Nachbarinsel Formentera? Das geht nur mit dem Schiff. Diese Insel hat keinen Flughafen und ist von Ibiza-Stadt oder Santa Eulària mit der **Fähre** oder Privatbooten erreichbar. Vom Hafen Ibiza-Stadt dauert die Überfahrt abhängig von der Art der Fähre 30 Minuten bis eine Stunde.

RAD FAHREN

Ibiza ist eine Insel, auf der immer mehr **Radwege** angelegt werden, die Verbindungen von Ort zu Ort laufen aber manchmal einfach ins Leere. Deshalb musst du auf der Straße fahren – und das ist ziemlich gefährlich. Aber mit dem **Mountainbike** auf unbefestigten Wegen schöne Natur entdecken macht einfach Riesenspaß. In Sant Rafael und Santa Eulària gibt es Fahrradläden, in denen du Mountainbike-Touren buchen kannst. Eine tolle Art, die unbekannten Seiten der Insel unabhängig vom Biker-Level zu entdecken. Buch deine Tour in Santa Eulària bei Kandani (www.kandani.es) oder Bike Ibiza (www.bike-ibiza-com).

Formentera ist wie geschaffen für die Erkundung mit dem Rad oder Roller. Die kannst du vorab ab 10 Euro pro Tag bei Moto Rent Pujols (www.motorentpujols.com) oder bei Ankunft am Hafen mieten. Dann gilt es nur noch, eine fantastische Tour über Dünen- und Radwege, durch Dörfer und am Strand zu starten ...

TOP 10 STRÄNDE

1. **Cala Tarida**: herrliche Bucht mit glasklarem Wasser > S. 93
2. **Cala d'Hort**: beliebt wegen der Felsformation **Es Vedra** > S. 94
3. **Cala Vadella**: Familienstrand mit Restaurants und Läden > S. 93
4. Die **Cala Llenya** ist von orangen Felsen umgeben > Santa Eulària
5. Klettere zur paradiesischen **Cala Saladeta** > Sant Antoni
6. Genieß die abgeschiedene Bucht **Cala d'en Serra** > Portinatx
7. *Sunset* und Cocktails an der **Cala Escondida Ibiza** > S. 118
8. Mehrere Beachclubs bei **Ses Salines** > S. 97
9. Die Bucht **Sa Caleta** ist von roten Felsen umgeben > Sant Josep de sa Talaia
10. Trommelnde Hippies beim *Sunset*: **Cala Benirràs** > S. 73

TOP 10 RESTAURANTS

1 **Jul's**: international speisen mit griechischem Touch > S. 89

2 **A Mi Manera**: italienische Leidenschaft mit heimischen Zutaten > Carrer de Sant Joan km 12

3 Lecker und bezahlbar essen im **Can Bass** > S. 86

4 Bei **Patchwork** erwarten dich libanesische Häppchen > Es Pouet de Talamanca, Santa Eulària

5 Das **Nagai** ist preisgekrönt > Carrer de Sant Joan km 9,5

6 Die leckerste Pizza am Strand gibt es bei **Bon Sol** > S. 85

7 Traditionelle Paella bei **Sa Caleta** > Es Bol Nou

8 Urig italienisch speisen im Garten des **La Paloma** > S. 69

9 Fantastische Sangria bei **La Escollera** > Platja des Cavallet

10 Mediterraner Genuss im Garten des **The Giri Café** > S. 68

TOP 10 AUSGEHEN

1 Die besten DJs der Welt legen im **Hï** auf > S. 118

2 Speisen und Tanz bei Festivalatmosphäre im **Cova Santa** > S. 94

3 **Lio** bietet eine High-End-Dinner-Show > Marina Botafoch

4 Der bekannteste Club: **Pacha** > Avinguda 8 d'Agost, Ibiza-Stadt

5 Das **Akasha** ist der neueste kleinere Club > Sant Carlos

6 Feiern bis Sonnenaufgang: **DC10** > bei den Salzseen Ses Salines

7 **Namaste**: eher alternative Musik und Hippies > Las Dalias, Sant Carlos

8 Tanz im **Ushuaïa** rund um den Pool > S. 118

9 Party in Badekleidung im **Ocean Beach** > Sant Antoni

10 Ein Luxusdinner mit Acts des Cirque du Soleil bei **Heart** > Marina Botafoch, am Ibiza Gran Hotel

TOP 10 SONNTAG

1. Bummeln auf dem **Hippiemarkt Sant Joan** mit Livemusik > S. 74
2. Tanz bei Sonnenuntergang zu den **Trommelklängen der Hippies** > S. 74
3. Mittagessen mit der Familie in **Santa Gertrudis** > S. 62
4. *Pintxos* essen in der stimmungsvollen **Can Terra** > Avinguda d'Ignasi Wallis 14, Ibiza-Stadt
5. Paella bei **Ses Boques** in einer einsamen Bucht genießen > S. 86
6. Cocktails mit Aussicht auf die Cala Tarida bei **Cotton** > S. 85
7. Eine Liege im **Sa Trinxa** mieten > S. 97
8. Entdecke die schönsten Fleckchen zu Fuß mit **Walking Ibiza** > walkingibiza.com
9. **Passion Café Ibiza**: Pfannkuchen mit Erdbeeren > S. 45
10. Preiswerter Lunch im Café-Restaurant **Rita's Cantina** > S. 65

ROUTE 1

IBIZA-STADT

INFOS ZUR ROUTE

Auf dieser Route entdeckst du neu erschlossene Gebiete wie den wunderschön umgebauten Hafen und die authentischen Gassen von Dalt Vila. Vom Gipfel der Altstadt hast du einen fantastischen Blick über den Hafen und die Marina Botafoch, einen Treffpunkt des Jetsets. Du möchtest den Trubel vermeiden? Dann besuch die Stadt am Morgen. In den Sommermonaten erwacht sie allerdings erst am Abend richtig zum Leben.

DAS VIERTEL

Ibiza-Stadt heißt auf Katalonisch *Eivissa*. Die meisten der etwa 50 000 Inselbewohner leben wegen der vielen Jobgelegenheiten bei den zahlreichen Unternehmen hier in Ibiza-Stadt. Zur Sommermitte verdoppelt sich die Anzahl der Einwohner, da speziell für diese Monate Arbeitskräfte auf die Insel strömen. Die Stadt hat eine Grundfläche von 11 Quadratkilometern und eine Reihe beliebter Strände, z. B. Talamanca und Platja d'en Bossa. Auch die hippen Clubs Pacha, Hï, Ushuaïa, Hardrock Hotel und Lio liegen in Ibiza-Stadt.

Der gerade umgestaltete **Hafen** bietet Luxusjachten und Booten jetzt noch mehr Platz. Gerade im Sommer stellen die Besitzer hier die teuersten Luxusjachten zur Schau. In diesem ehemaligen Arbeiterviertel lebten früher die Einwohner, die sich das Wohnen innerhalb der Stadtmauern nicht leisten konnten. Heute ist es ein lebendiges Viertel mit Boutiquen, Restaurants und kleinen Bars, in dem du dich richtig wohlfühlen kannst und auf Locals triffst, die ihren Abend hier verbringen.

Die Altstadt, **Dalt Vila**, ist seit 1554 von Stadtmauern zum Schutz vor Eindringlingen umgeben. Dieses am höchsten gelegene Viertel von Ibiza-Stadt ist auch das Schönste: Hier erwarten dich hübsche, idyllische Gassen, charmante Restaurants, die schöne Kathedrale und unterirdische Gänge, die zum Gipfel des

Hügels führen. Von hier hast du einen wunderbaren Blick über die Inselumgebung. Wenn du dich auf den Weg zum Gipfel machst, trägst du wegen der glatten Kopfsteine am besten festes Schuhwerk. Und mach dich besser morgens oder abends auf den Weg. Im Hochsommer ist es mittags viel zu heiß. Dalt Vila bietet eine Reihe besonders guter Restaurants und die Atmosphäre ist außergewöhnlich romantisch; eine echte Empfehlung für ein Abendessen an einem schönen Sommerabend.

WENIG ZEIT? DAS SIND DIE HIGHLIGHTS:
VARA DE REY + PLAÇA DEL PARC + DALT VILA + HAFEN IBIZA-STADT + MERCAT NOU

TIPPS

//Die Restaurants in Dalt Vila sind von Mai bis Oktober geöffnet //Zieh wegen des rutschigen Pflasters feste Schuhe an // Die Route morgens oder abends laufen

IBIZA-STADT

1 Mar y Sol
2 La Cava
3 Vara de Rey
4 Plaça del Parc
5 La Taberna
6 Locals Only
7 Oliver
8 La Brasa
9 Hanamer
10 Biscuit
11 C'an Rafal
12 Taar Willoughby
13 Can Gourmet
14 Mercat Vell
15 Croissant Show
16 Dalt Vila
17 La Scala
18 Museu Puget
19 Museu Arqueològic d'Eivissa i Formentera
20 Catedral de Santa María
21 Cinema Paradiso
22 S'Escalinata
23 La Dispensa
24 La Oliva
25 Star Ibiza
26 Vivi's Creamery
27 Marney & Me
28 Bai Bai Tapas
29 Tender
30 Hafen Ibiza-Stadt
31 Can Vinyes
32 Wakame Ibiza
33 La Canela
34 Parc de la Pau
35 Mercat Nou

LEGENDE
>> SEHENSWÜRDIGKEITEN
>> ESSEN & TRINKEN
>> SHOPPEN
>> FREIZEITTIPPS
AVINGUDA DE LA PAU
AVINGUDA SANTA EULÀRIA DES RIU
CARRER JOSEP MANUEL BERNABEU
CARRER DE BISBE ABAD LASIERRA
CARRER FRA VICENT NICOLAU
CARRER DE L'ARQUEBISBE CARDONA RIERA
CARRER DE MADRID
AVINGUDA D'IGNASI WALLIS
CARRER CABRERA
CARRER PERE FRANCES
CARRER MENORCA
Bulevar Abel Matutes
CARRER DE SANT CRISTÒFOL
CARRER DEL DIPUTAT JOSEP RIBAS
CARRER DE CARLES III
CARRER DE FELIP II
CARRER DE CARLES V
CARRER D'ANTONI JAUME
AVINGUDA DE BARTOMEU ROSELLO
CARRER VICENT SERRA I ORWAY
CARRER DE CANARIES
ERRA I ORWAY
CARRER DEL BISBE GONZÁLEZ ABARCA
CARRER D'EXTREMADURA
PASSATGE CASTAVI
PASSATGE BALAFI
CARRER DEL BISBE HUIX
CARRER DE CASTELLA
CARRER DE JOAN D'AUSTRIA
CARRER DE BARTOMEU VICENTE RAMON
PASSEIG DE VARA DE REY
C. DE MIQUEL CAIETÀ SOLER
CARRER D'ARAGÓ
START
C. DEL BISBE CARDONA
CARRER DE LLUIS TUR I PALAIS
ESTACIÓ MARÍTIMA
AVINGUDA DE LES ANDANES
C. DE SA CREU
C. DE G. DE MONTGRI
C. D'ANNIBAL
C. DE BARCELONA
CARRER DE CIPRIÀ GARIJO
C. D'ENMIG
CALLE FOSC
C. DE LA MARE DE DÉU
C. DE MANUEL SORÀ
CARRER DE SA PEDRERA
Museu Casa Broner
Mus. de Arte Cont. de Ibiza
Parc de la Pau
ZIEL
CARRER DE CATALUNYA
ROUTE 1
CARRER DE JAUME I
CARRER SANT BENET
CARRER SANT CARLES
CARRER DE SA CARROSSA
AVINGUDA D'ESPANYA
VIA PÚNICA
VIA ROMANA
CARRER DE JOAN PLANELLS
CARRER DE TANIT
CARRER SANT JOSEP
CARRER DE JOAN ROMAN
CARRER DE PONENT
CARRER PERE TUR
Dalt Vila
Museo Arqueologic
C. MAJOR
Museu Puget
Parc de Reina Sofia
CARRER DE LES BALEARS
CARRER RAMON MONTANER
Museo Monograpjic/ Necròpoli de Puig des Molins
CARRER DE BES
CARRER DE JOAN XICO
RONDA DE L'ALMUDAINA
Castell-Almudaina d'Eivissa
PLAÇA ALMUDENA
CARRER DE L'ARXIDUC LLUÍS SALVADOR
CARRER DE LUCI OCULACI
CARRER JOSEP PICAROL
CARRER D'AL SABINI
CARRER DE TAGOMAGO
CARRER ANTONI RAMON
Illa Negra
Mittelmeer
0 150 m

BESCHREIBUNG ROUTE 1 (ca. 4,8 km)

Los geht es am Hafen 1. Nach einer Tasse Kaffee läufst du durch die Avenida de Bartumeu Ramon i Tur. Halte dich rechts und geh am Restaurant La Cava 2 am Platz Varra de Rey 3 vorbei. Von dort gehst du hinüber zum Plaça del Parc 4, wo du preiswert und lecker essen kannst 5 6. Verlass den Platz Richtung Carrer de Pere Sala und schau kurz in den schönen Deko-Laden Oliver 7 oder genieß ein romantisches Essen 8. Bieg links und direkt wieder rechts ab und shoppe tolle Accessoires und Kleidung 9 10. Geh links in die Carrer del Bisbe Cardona für ein bezahlbares Abendessen 11 oder kauf dir ein Boho-Kleid 12. Doch lieber ein Sandwich to go? Das gibt es gleich um die Ecke 13. Geh nach rechts und am Ende der Straße links in die Carrer d'Antoni Palau 14. Genieß das beste Croissant der Insel 15. Lauf nach rechts Richtung Stadtmauer, um Dalt Vila 16 zu betreten. Geh an der alten Stadtmauer entlang und bieg bei der nächsten Gelegenheit links ab. Rechts siehst du bereits das rustikale Restaurant La Scala 17. Geh über die Carrer del General Balanzat, die Carrer de Santa Maria und die Carrer Major, um das Museu Puget 18 zu besuchen. Über die Carrer Major und die Plaça de la Catedral läufst du zum Museu Arqueològic 19. Danach setzt du deinen Aufstieg zum Gipfel fort und erreichst die Catedral de Santa Maria 20. Hinter der Kirche biegst du rechts ab und läufst über die alte Stadtmauer zum Baluard de Sant Pere 21. Halte dich rechts, um an den bergab führenden Stufen bei S'Escalinata 22 herauszukommen. Geh nach links zur Carrer Sant Antoni und rechts in die Carrer de la Santa Creu, um stilvoll zu dinieren 23 24. Geh geradaus zur Plaça de Vila. Verlass die Altstadt über dasselbe Tor, durch das du hineingekommen bist. Geh an der kleinen Markthalle entlang zur Carrer del Mestre Joan Mayans für *casual* Herrenbekleidung 25 und gönn dir ein leckeres Eis 26. Wenn du links abbiegst, kommst du zu einem schönen Modeladen 27. Geh zurück, links in die Carrer de Josep Verdera und in die Carrer Enmig für leckere Tapas-Häppchen 28. Geh nach links zum Boulevard und bestell bei Tender 29 am schönen Hafen 30 einen Burger. Bleib auf der Route und geh nach links in die Carrer de Guillem de Montgrí für originelle Taschen 31. Bieg links in die Gasse Carrer de sa Creu ein. Über die Carrer de Mar und die Carrer d'Annibal erreichst du die Plaça del Parc erneut. Überquer den Platz zur Carrer des Caló d'en Reial für Sushi 32. Am Ende der Straße gehst du rechts und dann die erste wieder links. Bieg rechts in die Carrer d'Extremadura und dann links in die Carrer d'Arago zu einer berühmten Bäckerei 33. Nimm die erste rechts und iss ein Sandwich im schönen Parc de la Pau 34 35.

SEHENSWÜRDIGKEITEN

③ Der prächtige Platz **Vara de Rey** wurde 2017 erneuert und autofrei gestaltet. Hier finden an spanischen Feiertagen oft Veranstaltungen statt. Die charmanten, farbenfrohen Gebäude rund um diesen Platz wurden ab 1953 im romantischen Kolonialstil errichtet. Das Denkmal auf der Platzmitte stellt Joaquin Vara de Rey y Rubio dar, einen auf Ibiza geborenen General, der sein Leben heldenhaft im kubanischen Unabhängighängigkeitskrieg (1898) gelassen hat.
Passeig de Vara de Rey, Bus 45 Vara de Rey

⑯ Das historische Zentrum von Ibiza-Stadt wird **Dalt Vila** genannt. Seit 1999 steht diese Altstadt auf der UNESCO-Weltkulturerbeliste. Hinter dem Haupttor, Portal de ses Taules, läufst du innerhalb der Stadtmauern durch die typischen Gassen, die dich schließlich auf den Gipfel des Hügels führen. Hier befindet sich eine Kathedrale. Je höher du gelangst, desto schöner wird die Aussicht.
Portal de ses Taules, Bus 45 Vara de Rey

⑲ Das **Museu Arqueològic d'Eivissa i Formentera** beherbergt eine große Sammlung von Fundstücken aus verschiedenen Perioden der Inselgeschichte. Schmuck, Münzen und Werkzeuge sind aus der Vorgeschichte, der Römerzeit und der katalanischen Eroberung 1235 erhalten geblieben. Das Museum hat mehrere Abteilungen und am Eingang werden die besterhaltenen Ausstellungsstücke präsentiert.
Plaça de la Catedral 3, maef.eu, Di–Do 9.00–15.00, Fr 9.00–15.00 & 17.00–20.00, Sa 9.00–14.00, So 10.00–14.00 Uhr, Eintritt 2,40 €, Bus 45 Vara de Rey

⑳ Auf dem Gipfel über Dalt Vila thront die **Catedral de Santa Maria**, die herrliche Kirche von Ibiza-Stadt. Das Gebäude wurde im 14. Jahrhundert errichtet. Später, im 16. und 18. Jahrhundert, wurden Bereiche umgebaut. Deshalb macht sie einen recht „modernen" Eindruck. Die weiße Decke mit goldenen Verzierungen und die Wandmalereien an den Säulen schaffen ein besonders schönes Gebäude. Bei lokalen Festen wird auch der Platz vor der Kirche geschmückt.
Plaça de la Catedral 1, Di–Sa 10.00–14.00 & 18.00–21.00 Uhr, Eintritt gratis, Bus 8, 12 Avenida de Espana

* Don't miss this!

2
Yummmm!

1

23

ESSEN & TRINKEN

① **Mar y Sol** ist das ideale Café für eine Tasse Kaffee, frischen Saft, ein Brötchen oder einen Cocktail im Zentrum der pulsierenden Stadt und des Hafens. Nicht teuer, immer gemütlich und mit Blick auf die Boote, die von Formentera am Kai von Ibiza-Stadt anlegen. Die Lage ist stimmungsvoll zwischen Palmen auf den Holzstegen – hier kommt tropische Urlaubsstimmung auf!

Carrer Lluis Tur i Palau 22, Tel. +34 971312826, tgl. 8.30–1.00 Uhr, Preis Mittagessen 10 €, Bus 10, 12 Ibiza Port

② Der Vara de Rey hat allerhand Cafés und Restaurants zu bieten, dieser tolle Ort mit schöner Terrasse und Holzinterieur sieht jedoch einfach mega aus. Und außerdem ist es hier auch noch bezahlbar. Bei **La Cava** speist du mittags oder abends auf dem schönsten Platz von Ibiza. Lass dich vom *menu del dia* überraschen! Für wenig Geld erhältst du hier ein Drei-Gänge-Menü, unglaublich leckere Speisen mit mediterranem Touch. Dazu natürlich ein Glas Cava!

Passeig de Vara de Rey 4, www.lacavaibiza.com, Tel. +34 971316074, Di–So 12.00–0.00 Uhr, Preis Mittagessen 8,95 €, Bus 45 Vara de Rey

⑤ Auf dem turbulenten Plaça del Parc kannst du bei **La Taberna** die leckersten Tapas genießen. Meist sitzt man draußen an einer Ecke des Platzes. Der Innenbereich ist nicht so groß, aber auch dort ist es gemütlich. Schmackhafte vegetarische Kroketten, *patatas bravas* oder Hähnchenspieße gibt es hier zum fairen Preis. Auch der Service ist spitzenmäßig. Der ideale Ort für den Drink vor oder nach dem Essen, aber auch zum Dinner bist du hier richtig.

Plaça del Parc 5, latabernaibiza.com, Tel. +34 971307370, tgl. 12.00–3.00 Uhr, Preis Tapas 7,95 €, Bus 45 Vara de Rey

⑥ Am Plaça del Parque wimmelt es von Restaurants, aber **Locals Only** zählt klar zu meinen Favoriten. Das intime Restaurant serviert Gerichte, die immer perfekt gewürzt sind. Das frische Curry ist eine echte Empfehlung. Eine ausgezeichnete Wahl, wenn du nicht viel zahlen möchtest und guten Service magst.

Plaça del Parc 5, www.localsonlyibiza.com, Tel. +34 971301997, Di–So 12.30–17.00 & 19.30–23.45 Uhr, Preis 12 €, Bus 45 Vara de Rey

(8) Lust auf ein romantisches Dinner? Dann ist das Restaurant **La Brasa** mit seinem stimmungsvollen Innenhof mit Lichterkettenschmuck über den Tischen der richtige Ort. Hier kannst du Tapas und größere Gerichte bestellen. Hierher geht man vor allem, weil es einfach lecker ist und die Atmosphäre stimmt.
Carrer de Pere Sala 3, www.labrasaibiza.com, Tel. +34 971301202, tgl. 12.30–0.00 Uhr, Preis 22 €, Bus 45 Vara de Rey

(11) In dieser Straße voller Atmosphäre hast du einen perfekten Zuschauerplatz: Straßenkünstler, Musiker, Akrobaten ... Außerdem ist das **C'an Rafal** ein charmantes kleines Restaurant. Huhn nach Bauernart (hier *pollo payes* genannt) und Hamburger zum fairen Preis. Auch die Cocktails sind spitze!
Carrer de Bisbe Torres 1, canrafalibiza.com, Tel. +34 971756599, tgl. 9.30–1.00 Uhr, Preis Cocktail 10 €, Bus 8, 12 Avenida de España

(13) Bei **Can Gourmet** gibt es die leckersten *bocadillos* (Brötchen) der Stadt. Vom Iberico-Schinken bis zum Wagyu-Fleisch mit Kaviar. Ein Brötchen und ein Getränk mitnehmen und dann die Stadt erkunden!
Carrer de Guillem de Montgrí 18b, insta @cangourmetibiza, tgl. 10.00–1.00 Uhr, Preis Brötchen 9 €, Bus 10, 12 Ibiza Port

(15) Das ist der Ort mit den allerleckersten Croissants von Ibiza. Unterhalb des alten Stadttors von Dalt Vila liegt die schöne Terrasse von **Croissant Show**, auf der du wunderbar mit frisch gebackenen süßen Brötchen frühstücken kannst und herzhafte Tartes zu Mittag warten. Der Besitzer mit einer Vorliebe für französische Leckereien ist an seinem Schnauzbart zu erkennen.
Plaça de la Constitució 2, FB @croissant.show.5, Tel. +34 971317665, tgl. 7.00–20.00 Uhr, Preis Kaffee mit Croissant 5 €, Bus 45 Vara de Rey

(17) Am hübschen Restaurant **La Scala** läuft man schnell vorbei, weil der Garten so mit Efeu überwuchert ist. Es liegt direkt auf der Ecke einer alten Gasse von Dalt Vila und ist nicht sehr groß, aber sehr intim und romantisch. Das mediterrane Menü ist ziemlich umfangreich, von Fisch und Pasta bis zum leckeren Steak mit Pfeffersauce. Vor allem die gegrillten Garnelen sind unfassbar köstlich.
Carrer de sa Carrossa 7, www.la-scala.com, Tel. +34 971300383, Mo & Mi–So 20.00–0.00 Uhr, Preis 25 €, Bus 45 Vara de Rey

FRESH
I LOVE YOU
Croissant

8

2
LA CAVA

(22) Nach dem flotten Aufstieg in der Dalta Vila kannst du bei **S'Escalinata** Speisen und Getränke genießen und auf bunten Sitzsäcken liegen, die über die Treppenstufen verteilt sind. Auch bei den Einheimischen ein beliebter Ort. Vor allem die frischen Säfte und Cocktails sind eine echte Empfehlung.
Carrer Portal Nou 10, Insta @ibizaescalinata, Tel. +34 653371356,
Mo–Sa 10.30–3.00 Uhr, Preis Tapas 7 €, Bus 45 Vara de Rey

(23) Das Restaurant **La Dispensa** liegt in den engen Gassen von Dalt Vila und besteht aus mehreren benachbarten Terrassen und Gebäuden. Die Inneneinrichtung ist rustikal französisch gehalten. Die Location ist ein Augenschmaus, aber auch die großzügigen Portionen Fleisch und Fisch sind keinesfalls zu verachten!
Carrer de la Santa Creu 10, www.ladispensaibiza.com, Tel. +34 971124365,
tgl. 19.00–1.00 Uhr, Preis 26 €, Bus 45 Vara de Rey

(24) Hier stehen Stühle und Tische wegen des unregelmäßigen Pflasters schief, aber das macht die Atmosphäre nur noch gemütlicher. Auch das Essen bei **La Oliva** ist fantastisch. Reine Zutaten aus Italien und Spanien verwöhnen den Gaumen an Sommerabenden. Reservierung empfohlen!
Carrer de la Santa Creu 2, www.laolivaibiza.com, Tel. +34 971305752,
tgl. 18.30–1.00 Uhr, Preis 28 €, Bus 45 Vara de Rey

(26) In der Eisdiele **Vivi's Creamery** gibt es das beste Eis der Insel. Der Salon mit italienischem Besitzer wird nicht ohne Grund von vielen großen Stars besucht. Von der Terrasse hast du einen schönen Blick auf den Zugang nach Dalt Vila. Auch vegane Eisfans haben hier reiche Auswahl.
Carrer del Mestre Joan Mayans 6, fb @viviscreamery, Tel. +34 971151310,
tgl. 12.00–0.00 Uhr, Preis 2 Kugeln Eis 3,50 €, Bus 45 Vara de Rey

(28) Am Ende des Hafens liegt das kleine, aber feine Restaurant **Bai Bai Tapas**. Vor allem Spareribs, gegrillte Hähnchenflügel und Thunfisch mit Sesam schmecken hervorragend. Geh hier etwas später am Abend vorbei, nach 21 Uhr, dann ist die Stimmung einfach toll. Und in den Sommermonaten hast du einen guten Blick auf die riesigen Jachten.
Plaça de sa Riba 9, FB @baibaiibiza, Tel. +34 971191592, Mo–Mi & Fr–So 19.30–1.00,
Do 19.30–0.00 Uhr, Preis Tapas 6,50 €, Bus 10, 12 Ibiza Port

(29) Auf der Terrasse des **Tender** sitzt du in der ersten Reihe beim Blick auf die sensationellen Jachten im Hafen. Bestell einen hausgemachten Burger, gegrillten Fisch oder einen frischen Salat. Auch die Cocktails sind richtig gut.
Carrer Andanes 5, FB @tenderibizabistro, Tel. +34 871902864, tgl. 8.30–3.00 Uhr, Preis Hamburger 8 €, Bus 10, 12 Ibiza Port

(32) Verrückt nach Sushi und asiatischen Speisen? Dann bist du bei **Wakame Ibiza** richtig! Ein stimmungsvolles Restaurant mit hervorragender asiatischern Küche. Sushi und Sashimi sind von sehr guter Qualität. Auch zum Abholen!
Carrer Miguel Caieta Soler 12, www.wakame-ibiza.com, Tel. +34 971048201, Mo & Mi–So 13.00–16.00 & 19.00–23.30 Uhr, Preis 15 €, Bus 45 Vara de Rey

SHOPPEN

(7) Schon der Rundgang durch diesen Laden ist ein echtes Erlebnis. Die Decke hängt voller Kristalle und Deko, überall gibt es etwas zu entdecken. Bei **Oliver** gibt es nicht nur tolle Teppiche und schöne, ausgefallene Wohnaccessoires, sondern auch festliche Damenkleidung. Der Besuch ist eine echte Empfehlung!
www.oliveribzbcn.wixsite.com/oliveribiza, Mo–Sa 10.00–21.00 Uhr, Bus 45 Vara de Rey

(9) Ein schöner, rustikaler Laden, das ist **Hanamer**. Die Boutique wird von einer höchst kreativen Besitzerin geführt. Sie ist Vorsitzende von Slow Fashion und verkauft fantastische Kleidung, Wohnaccessoires im Bohemian-Look und farbenfrohe Deko. Vieles in Erdtönen, da sie für ihre Produkte keine chemischen Farben verwenden möchte.
Carrer del Bisbe Azara 4, hanamer.shop, Mo–Sa 10.30–20.30 Uhr, Bus 1 Sortida Port

(10) Im süßen, französisch anmutenden Lädchen **Biscuit** gibt es elegante und romantische Maxikleider, Tuniken und Blusen. Häufig gestaltet mit pastellfarbenen Prints oder Bordüren, die jedes Frauenherz schneller schlagen lassen. Biscuit wird von Katia geführt, die auch einen Teil der Kollektion entwirft. Das Sortiment wird mit Items anderer junger Designer ergänzt.
Carrer del Bisbe Cardona 1, www.biscuitstore.es, tgl. 11.00–21.30 Uhr, Bus 8, 12 Avenida de España

35

10
biscuit
hello

25

35

7

(12) **Taar Willoughby** verkauft ihre eigene, gleichnamige Kleidermarke, aber auch eine schöne Auswahl an Bohemian-, fairen und veganen Accessoires. Charakteristisch sind einzigartige Prints im Stil der 1960er und 70er, wodurch sich die Kollektion von denen anderer Läden wirklich abhebt. Die niederländische Besitzerin entwirft alles selbst und lebt schon seit Jahren auf Ibiza.
Carrer de Bisbe Torres 2, www.taarwilloughby.com, tgl. 10.00–23.00 Uhr, Bus 12, 15 Ibiza Port

(14) Auf dem authentischen Marktplatz **Mercat Vell** gibt es wunderbar frisches Gemüse, Obst, Blumen und Bioprodukte wie Olivenöl oder Honig. Die überdachten Marktstände sind von vielen kleinen Restaurants umgeben und liegen einen Steinwurf entfernt vom Zugang zur Altstadt. Am Morgen ist die Qualität von Obst und Gemüse am besten!
Plaça de la Constitució 18, Mo–Sa 9.00–15.00 Uhr, Bus 45 Vara de Rey

(25) Auf der Suche nach *casual* Herrenbekleidung? Dann solltest du bei **Star Ibiza** vorbeischauen. Hier findest du Badehosen, luftig geschnittene T-Shirts und hippe Hosen in verschiedenen Pastelltönen, aber auch in Grau und Blau. Und wie der Name vermuten lässt, befindet sich auf der Kleidung meist ein kleiner Stern.
Carrer del Mestre Joan Mayans 5, www.star-ibiza.com, tgl. 11.00–22.00 Uhr, Bus 45 Vara de Rey

(27) Im hippen Modeladen **Marney & Me** spielt die französische Bulldogge Marney die Hauptrolle. Sie ist immer dort und stand Modell für das Logo des Geschäfts. Du findest hier Kleider, Shirts und Accessoires mit femininen, hellen Drucken. Ein idealer Laden für Kleidung zum Ausgehen und Ibiza-Outfits.
Carrer de Josep Verdera 9, www.marneyibiza.com, Mo–Sa 11.00–22.00 Uhr, Bus 45 Vara de Rey

(31) Ein typisch spanisches Geschäft mit den berühmten spanischen Schilftaschen, in allen Sorten und Größen. Diese Art Taschen verwenden die Spanier gern zum Einkaufen oder für den Strand. Aber auch wenn du einen Sonnenhut aus Schilfrohr suchst, bist du bei **Can Vinyes** an der richtigen Adresse.
Carrer de sa Creu 34, can-vinyes.business.site, Mo–Fr 10.30–13.30 Uhr, Bus 1 Sortida Port

(33) **La Canela** ist einfach der beste Konditor der Insel. Von frischem Brot, belegten Brötchen bis zum Gebäck schmeckt hier alles fantastisch. Du kannst dich nicht entscheiden? Nimm mehrere kleine Brötchen mit Fisch, Fleisch oder vegetarischem Belag und freu dich auf die tollen Geschmackskombinationen. Mach deinen Einkauf mit einer guten Flasche Wein komplett, dann bist du bereit für ein tolles Picknick. Aber vergiss das süße Minigebäck zum Abschluss nicht!
Carrer d'aragó 54, www.lacanelaibiza.com, Mo–Sa 6.00–21.00, So 7.00–15.00 Uhr, Bus 45 Vara de Rey

(35) Frischer Tee, Gemüse, Obst und ein großes Angebot an Fisch und Fleisch: In der überdachten Markthalle **Mercat Nou** ist alles erhältlich. Hier erledigen die Restaurantchefs morgens ihre Einkäufe. Perfekt, um im Urlaub Zutaten für ein Barbecue oder andere selbst gekochte Gerichte zu kaufen.
Carrer de Castella 30, tourism.eivissa.es/shopping/markets/mercat-nou, Mo–Sa 6.30–14.30 Uhr, Bus 20 Isidor Macabich

FREIZEITTIPPS

(4) Der quirlige Platz **Plaça del Parc** ist ein beliebter Treffpunkt der Einheimischen. Hier gibt es eine Überfülle an Restaurants und Bars, daher ist ab Mittag bis Mitternacht viel Betrieb. Hier kannst du ausgezeichnet zu Mittag essen, ein Glas Wein zu Tapas oder ein bezahlbares Abendessen genießen.
Plaça del Parc, Bus 45 Vara de Rey

(18) Die Location des **Museu Puget** ist sensationell. Mit rustikalen, gotischen Details bietet das Museum mehrere Räume, in denen Kunst immer wieder auf neue Art präsentiert wird. Hier kannst du vor allem Gemälde mit Wasser- und Ölfarben oder Zeichnungen aus verschiedenen Epochen bewundern. Du bist mit deinen Kindern unterwegs? Dann besuch das Museum am Samstag- oder Sonntagmorgen für tolle Workshops und Familienführungen. Da diese Veranstaltungen für Kleingruppen stattfinden, solltest du vorher reservieren.
Carrer Major 12, www.mace.eivissa.es, Mai–Juni Di–So 10.00–14.00 & Di–Fr 17.00–20.00, Juli–Aug Di–So 10.00–14.00 & Di–Fr 18.00–21.00 Uhr, Eintritt gratis, Bus 45 Vara de Rey

30
* Feel good + enjoy

560 Timonier
Pacific Craft

34
PAU
PAX
PACE
PEACE
PAZ
ΕΙΡΗΝΗ
PAIX
FRIEDEN

(21) In Ibiza gibt es einige Kinos, eigentlich nichts Besonderes. Aber dank **Cinema Paradiso** sind Filme auf der großen Leinwand zum neuen Erlebnis geworden. Vom Sitzsack, bewaffnet mit Popcorn und einem Drink, genießt du deinen Lieblingsfilm unter dem Sternenhimmel. In der Hochsaison gibt es wöchentlich Filmabende am Aussichtspunkt von Dalt Vila. Schau zum Ticketkauf auf der Website nach.

Carrer Portal Nou 17, www.cinemaparadisoibiza.com, siehe Website für Programm und Zeiten, Preis Ticket, Getränk und Popcorn 15 €, Bus 8, 12 Avenida de España

(30) Der **Hafen** von **Ibiza-Stadt** wurde 2016 einer Neugestaltung unterzogen. Jetzt ist er größtenteils autofrei mit einem luxuriöseren Pier, an dem auch die riesigsten Jachten anlegen können. Vor allem im Sommer kannst du dich hier kaum sattsehen. Gerade abends, wenn die Boote beleuchtet sind, protzen die Besitzer gern mit dem, was sie haben. Im Durchschnitt blättert man für die Jachten eine Million pro laufendem Meter hin.

Carrer Andenes, Bus 10, 12 Ibiza Port

(34) Nach einer Stadtwanderung kommt das Relaxen in einem schön gepflegten Park wie gerufen. Der **Parc de la Pau** mit Wasser, einigen Denkmälern und einem tollen Spielplatz für die Kinder ist bestens geeignet. Ein toller Ort zum Spazieren und zur Erholung vom Trubel.

Carrer de Canaries 5a, Bus 20 Isidor Macabich

ROUTE 2

SANTA EULÀRIA DES RIU

INFOS ZUR ROUTE

Tolle Restaurants, ein schöner Sandstrand mitten in der Stadt, stylische Bars mit Livemusik und hübsche Boutiquen im Hafen machen Santa Eulària für einen Besuch interessant. Hier treffen sich Jung und Alt. Im kleinen Museum an der Promenade erfährst du etwas zur Kultur und noch mehr zu den kleinen Anfängen der Stadt, wenn du den hoch gelegenen Puig de Missa erklimmst. Wer könnte dieser wunderbaren Mischung aus Shoppen, leckerem Essen, Kultur und Relaxen am Strand widerstehen ...

DIE VIERTEL

Santa Eulària des Riu gehört zu den drei größten Orten der Insel. Von den rund 36 000 Einwohnern stammten ungefähr 24 Prozent aus dem Ausland und die Gemeinde trägt ihren Namen nach dem Fluss, an dem sie liegt. Im Sommer führt er bis auf das eingespülte Meerwasser kaum Wasser, im Winter sieht das jedoch nach starkem Regen anders aus. Dieser Badeort ist bei Familien wegen der Kombination aus Stadt, Strand und vielen guten Restaurants sehr beliebt. Es gibt relativ wenig Ausgehmöglichkeiten, nur eine Handvoll Bars und einen großen Club. Die kleinen Buchten Cala Pada, Es Canar, Cala Llonga und die beiden Hippiemärkte Punta Arabi und Las Dalias gehören zu Santa Eulària.

Am Mariner's Beach direkt am Zentrum von Santa Eulària gibt es Strandliegen und eine Reihe schöner Restaurants wie das **Can Xarc**. Einzigartig an diesem Strand ist die Verbindung mit dem einzigen Fluss der Insel. Hier fließen Süß- und Salzwasser zusammen. Im Winter führt der Fluss ziemlich viel Süßwasser, im Sommer hauptsächlich Meerwasser. Ein kleiner, feiner Strand für Kinder in Zentrumsnähe, ohne shoppende Kunden. Schön ist, dass der Boulevard ins Stadtzentrum führt, wo man sehr gut essen kann. Die Promenade ist nicht groß, aber voller Atmosphäre.

Die **Marina** (der Hafen) wurde ursprünglich als Anlandeplatz für Fisch gebaut. Jetzt ist sie vor allem bei Jachtbesitzern und Bootsvermietern beliebt. Die Kosten für das Anlegen mit dem eigenen Boot sind hier erheblich geringer als im Hafen von Ibiza-Stadt. Außerdem ist sie ein guter Ausgangspunkt zur Erkundung der Insel. Im kürzlich umgebauten Hafen liegen viele gute Restaurants, Bars und Boutiquen.

WENIG ZEIT? DAS SIND DIE HIGHLIGHTS:
PONT VELL + PASSEIG DE S'ALMERA + MARINA SANTA EULÀLIA + SANTA EULÀLIA FERRY + PUIG DE MISSA

SANTA EULÀRIA DES RIU

1. Pont Vell
2. Can Xarc
3. Water Sports Boca Rio
4. Passion Café Ibiza
5. Ohm Plaza
6. Podencos Ibicencos
7. El Lugar Ibiza
8. Passeig de s'Alamera
9. Sala Barrau
10. Plaisir Foie Gras
11. Can Cosmi
12. Onax
13. Celler Can Pere
14. Vintage Ibiza
15. Kandani
16. Babylon Beach Bar
17. Aguas de Ibiza / Maymanta Pisco Bar
18. La Mar de Santa
19. Aqua Diving Center
20. CBbC Marina
21. Marina Santa Eulàlia
22. Santa Eulalia Ferry
23. Guarana
24. El Deseo
25. Caos
26. Antarctica Heladeria
27. Project Social
28. Restaurant Higo
29. Sa Carboneria
30. El Naranjo Ibiza
31. Kathmandu
32. Es Mercat
33. Museu Etnogràfic
34. Puig de Missa

LEGENDE
>> SEHENSWÜRDIGKEITEN
>> ESSEN & TRINKEN
>> SHOPPEN
>> FREIZEITTIPPS
START
ZIEL
ROUTE 2
Sala de Laureà Barrau
Museu d'Etnografia
PONT NOU
PONT VELL
Riu de Santa Eulària
Mittelmeer
CARRER GRECIA
CARRER NORUEGA
CARRER IRLANDA
CARRER FINLANDIA
CARRER ISLANDIA
CARRER ANGLATERRA
CARRER BULGARIA
CARRETERA ESCOLES
CARRER MARGARITA ANKERMAN
CARRER DE LA SEQUIA DES MALLORQUI
CAMI DE CAN GUASCH
CARRER DEL SOL
CAMI DE LA IGLESIA
PASSEIG DE LA PAU
CARRER SANT VICENTE
CARRER SANT JAUME
CARRER PINTORES PUGET
CAMI PASSEIG DEL MAR
AVINGUDA RICARDO CURTOYS GOTARREDONA
CARRER JUAN TUR TUR
PASSEIG MARITIM
CARRER RIOMAR
CARRER NARCISOS
CARRER VIOLETAS
CARRER MARGALIDES
CARRER MARIANO RIQUER WALLIS
PASSEIG DE S'ALAMEDA
CARRER SANT JOSEP
CARRER SANT LLORENÇ
CARRER PINTOR VIZCAY
CARRER HISTORIADOR CLAPES
CARRER SANT JOAN
CARRER DEL MAR
C. MOLINS DEL REI
CARRER ISIDOR MACABICH
CARRER TINENT CORONEL SIBAS
CARRER OSCA
C. DEL MAR
PASSEIG PORT ESPORTIU
CARRER DE CESAR PUGET RIQUER
CARRER DE JOSÉ GUASCH VICH
CARRER JOAQUIN GADEA
CAMI TRES TORRES
CAMI SES ESTAQUES
CARRER SALVADOR CAMACHO
CARRER JAMES TAYLOR
CARRER JOAN MARI CARDONA
CARRER JOHN LENNON
CARRER CARE VICENT COSTA
PASSATGE BOBERMAN
CARRER MARIA VILLANGOMEZ
CARRETERA ES CANAR
CARRER NIMES
CARRER SANT CARLES
CAMI MARSELLA
CAMI VENECIA
CAMI NAPOLES
CARRER LIO
CAMI FLORENCIA
CAMI SANT CARLES
BARRI FRIGOLES
CAMI CAN FRIGOLES
CAMI ROTA D'EN PERE CARDONA
CARRER MARGARITA ANKERMAN
0
150 m

BESCHREIBUNG ROUTE 2 (ca. 8,1 km)

Diese Route beginnt am einzigen Fluss der Insel, an einer alten Brücke 1. Du schlenderst am Flussufer entlang zum Strand, wo der Fluss mündet. Am Beach-Club Can Xarc 2 kannst du einen Happen essen und etwas trinken. Direkt Lust auf Action? Dann unternimmst du hier am Strand eine Jetski-Tour 3. Geh weiter links über den Boulevard, das Meer liegt auf deiner rechten Seite. Du gelangst so zum Passion Café Ibiza 4 gegenüber dem Springbrunnen. Oder du gehst etwas weiter zum italienischen Restaurant Ohm Plaza 5. Lauf weiter über den Boulevard 6 und geh shoppen bei El Lugar Ibiza 7 oder schlender weiter die *rambla* hinauf 8 9. Bieg links in die Carrer de Sant Jaume für guten Wein 10. Kehr um und geh weiter durch die Carrer de Sant Jaume 11 12 13 14. Geh nach rechts, bieg direkt wieder links ab und buch eine coole Mountainbike-Tour 15. Weiter geht es, und bevor du den Kreisverkehr erreichst, schlägst du links die Carer Mariè Villangómez ein und gehst am Ende rechts. Relax auf einer Strandliege oder genieß dein Mittagessen 16. Lauf auf der Carrer Pare Vicent Costa zurück und bieg rechts in die Passaige Josep Torres Colomar ein. An deren Ende erwartet dich ein herrlicher Wellness-Spa 17. Halte dich jetzt immer links; du kommst zurück an den Strand, wo du dein Essen einnehmen kannst 18. Dreh um und geh an der Küste entlang zum Hafen 19 20 21. Nimm die Fähre 22 zu einer der benachbarten Buchten oder gönn dir einen Drink 23. Kehre zum Boulevard zurück 24 25 26 und spazier über die Carrer de Molins de Rei nach links in die Carrer de Sant Lloreng 27. Nimm die zweite Straße rechts, um japanisch essen zu gehen 28. Geh zurück, bieg rechts in die Carrer de Sant Lloreng ein, nimm dann die erste links und wieder die erste rechts für das beste Fleisch der Stadt 29. Spazier auf der anderen Straßenseite weiter und bieg an der Bank rechts ab für ein leckeres Tagesmenü 30 oder geh eine Straße weiter, um ein würziges Curry zu genießen 31. Du möchtest heute lieber einmal selbst kochen? Dann geh an der Bushaltestelle vorbei und bieg rechts zum Indoor-Markt Es Mercat ab 32. Du hast noch Energie übrig? Lauf auf dem Cami de Missa fast bis zum Beginn der Route zurück, überquer die Straße hier jedoch und lauf auf dem Cami Puig Missa zur Avinguda Pare Guasch. Folge dem Lauf der Bucht nach rechts und besuch das Museu Etnogràfic 33. Hier kannst du auch das alte Santa Eulària bewundern: Puig de Missa 34, wo du der Kirche einen Besuch abstatten kannst. Von diesem Gipfel hast du eine fantastische Aussicht über die Umgebung.

SEHENSWÜRDIGKEITEN

① Die historische Brücke **Pont Vell** liegt direkt neben der modernen Autobrücke. Früher war sie die einzige Verbindung, um Santa Eulària aus dem Westen zu erreichen. Das Bauwerk wurde um 1720 zum ersten Mal erwähnt und wird als durchweg römisch betrachtet. Der Fluss unter der Brücke ist den Großteil des Jahrs ausgetrocknet, aber nach heftigen Regengüssen strömt er so lebhaft wie früher.
Carrer de Sant Jaume, Bus 13 Santa Eulària

⑥ Diese Hundestatuen tragen den Namen **Podencos Ibicencos**. Dieser Hunderasse begegnest du auf Ibiza häufig, da sie von hier stammt. Die Tiere sind leicht an ihren schlanken Körpern, spitzen Schnauzen und den riesigen, aufrecht stehenden Ohren zu erkennen. Podencos wurden von den Einwohnern früher für die Jagd auf Kaninchen und Vögel eingesetzt.
Passeig de s'Alamera, Bus 13 Santa Eulària

⑧ Die stimmungsvolle, autofreie *rambla* von Santa Eulària ist von Läden und Restaurants gesäumt. Mitten auf dem lang gestreckten Platz **Passeig de s'Alamera** befinden sich Wasserspiele. Unter dem Platz liegen sogar noch Schutzbunker, die während des spanischen Bürgerkriegs 1937 gebaut und genutzt wurden.
Passeig de s'Alamera, Bus 13 Santa Eulària

⑨ Im kleinen Stadtmuseum **Sala Barrau** werden Gemälde der Inselbauern ausgestellt. So siehst du, wie der Alltag auf Ibiza aussah, als noch die Landwirtschaft die Insel prägte. Ein krasser Kontrast zu ihrem heutigen Erscheinungsbild.
Passeig de S'Alamera 4, Mo–Fr 10.00–14.30, Sa 11.00–14.00 Uhr, Eintritt gratis, Bus 13 Santa Eulària

(33) Im **Museu Etnogràfic** findest du viele Objekte, die Anfang des 20. Jahrhunderts das tägliche Leben von Ibiza prägten. Dabei handelt es sich um Gebrauchsgegenstände aus der Landwirtschaft oder bestimmten Handwerkskünsten, um Schmuck, traditionelle Kleidung und Musikinstrumente. Diese Dauerausstellung umfasst Videomaterial, das die Objekte wirklich zum Leben erweckt.
Avinguda Pare Guasch, www.museuetnograficdeivissa.es, Di–Sa 10.00–14.00, So 11.00–13.30 Uhr, Eintritt 3,50 €, Bus 13 Santa Eulària

Meet the locals

(34) Die katholische Kirche **Puig de Missa** hat eine sensationelle Lage: 52 Meter oberhalb des Meeresspiegels im neuen Teil von Santa Eulària. Nach einem kurzen Aufstieg erreichst du ein kleines weißes Dorf, über dem die schneeweiße Kirche thront. Du kannst sie komplett umrunden, um den Ausblick zu genießen. Die Kirche aus dem 16. Jahrhundert mit Anbauten aus dem 17. und 18. Jahrhundert wurde in den letzten Jahren dem Publikum immer mehr geöffnet.
Plaça de Lepanto, www.parroquiasantaeulariamartir.com, tgl. 10.00–20.00 Uhr, Eintritt gratis, Bus 13 Santa Eulària

ESSEN & TRINKEN

(2) Im rustikalen Beachclub **Can Xarc** kannst du leckere Cocktails, Fleisch und Fisch vom Grill oder die Spezialität des Hauses, Steak Tartar, genießen. Hier, mit dem Strand direkt vor der Nase, kannst du die Urlaubszeit wunderbar verbringen.
Carrer des Riu 17, B @canxarc, Tel. +34 971093093, tgl. 13.00–23.00 Uhr, Preis 14,50 €, Bus 13 Santa Eulària

(4) Im stimmungsvollen **Passion Café Ibiza** bist du richtig, wenn du Wert auf gesundes Essen legst: frische Smoothies, Bananenbrot, hausgemachte Pfannkuchen ... Hier werden dir schmackhafte, nachhaltige Snacks und Gerichte im Überfluss geboten. Sehr zu empfehlen für ein üppiges Frühstück oder ein luxuriöses Mittagessen. Auch die Aussicht ist nicht zu verachten: Du sitzt auf der Terrasse am Anfang des Boulevards mit Blick auf den Springbrunnen und das Meer.
Carrer Joan Tur Tur 13, www.passion-ibiza.com/santa-eulalia, Tel. +34 971807323, tgl. 10.00–16.30 Uhr, Preis Frühstück 7,95 €, Bus 13 Santa Eulària

(5) Im neu gestylten Restaurant **Ohm Plaza** am Boulevard gibt es *food & drinks for the soul* auf italienische Art. Die Leidenschaft für Speisen und veredelte Aromen ist den vielen Gerichten anzumerken. In Santa Eulària gibt es einige Italiener, dieser zählt jedoch wegen der vielseitigen Karte und den fairen Preisen zu meinen Favoriten.
Paseo Maritimo 2, Edificio Sharq, ohmplazaibiza.com, Tel. +34 871046976, tgl. 9.00–1.00 Uhr, Preis 14 €, Bus 13 Santa Eulària

(11) Auf der Terrasse des **Can Cosmi** an der Ecke der *rambla* herrscht immer geschäftiger Trubel. Eine tolle Location, um gegrilltes Fleisch, Tapas oder eine authentische spanische Paella zu genießen. Außerdem hast du die perfekte Aussicht auf das Rathaus und die Wasserspiele auf der Platzmitte.
Carrer de Sant Jaume 44, Tel. +34 971807315, tgl. 7.00–2.00 Uhr, Preis Tapas 6 €, Bus 13 Santa Eulària

(13) Dieses authentische Restaurant mit traditioneller Holzbalkendecke sieht fast noch so aus wie bei seiner Eröffnung vor 50 Jahren. **Celler Can Pere** ist ein sehr beliebter Treffpunkt für Familien und ein echtes Familienrestaurant. Es wird nämlich seit Jahr und Tag von derselben Familie geführt. Heute unter der Leitung von Vater Paco mit seinen Söhnen Jamie und Paco Junior. Der frische Fisch hier ist einfach umwerfend. Lachs, Krebs oder Austern: garantiert fangfrisch! Kein Fischliebhaber? Hühnchen und Pasta sind ebenfalls ausgezeichnet!
Carrer de Sant Jaume 63, www.cellercanpere.com, Tel. +34 971330056, tgl. 13.00–15.30 & 19.00–23.00 Uhr, Preis 25 €, Bus 13 Santa Eulària

(16) In der hölzernen, authentischen *chiringuito* **Babylon Beach Bar** kannst du leckere, gesunde Gerichte barfuß genießen: Quinoa, Pasta und frische Brötchen. Die Speisekarte wird regelmäßig geändert. Deshalb kannst du immer etwas Neues probieren. Wenn du auf der Liege relaxt, gibt es allerdings keinen direkten Zugang zum Meer – die Sonnenliegen stehen auf einem Felsen einen Meter oberhalb des Wassers!
Carrer Bartomea tur Clapés 20, www.babylonbeachbar.com, Tel. +34 971332181, Mi–So 12.00–18.00 Uhr, Preis Mittagessen 15 €, Bus 13 Santa Eulària

(18) Im stilvollen Restaurant **La Mar de Santa** mit Beach Bar kannst du typisch spanische Küche probieren. Frische Paella, Fischgerichte, aber auch internationale Speisen wie Pizza zu Mittag. Dieses Restaurant liegt zwischen Bäumen an Strand und Meer. Nach dem Essen kannst du vor der Tür sofort ins Wasser springen. Weil das Restaurant allein in einer Bucht liegt, hast du selbst in der Hochsaison ordentlich Platz.
Calle Doctor Camacho Cala Ses Estaques, www.restaurantelamardesanta.com, Tel. +34 971331824, tgl. 13.00–16.00 & 20.00–23.00 Uhr, Preis 15 €, Bus 13 Santa Eulària

BACARDI
APEROL

Cocktails!!

(20) Du möchtest inmitten des Betriebs der Jachten ein bisschen luxuriöser essen oder trinken? Dann ist die **CBbC Marina** der ideale Ort. Die Speisekarte steckt randvoll mit luxuriösen Gerichten – hier hast du das Feeling von Ibiza-Stadt in Santa Eulària! Ein schönes Restaurant voll Atmosphäre in fünf Metern Entfernung vom Wasser. Sehr zu empfehlen ist das Sashimi vom Thunfisch ...

Marina Santa Eulàlia, www.cbbcgroup.com/cbbc/cbbc-marina-santa-eulalia, Tel. +34 971153598, Mo–Do & So 13.00–1.00, Fr–Sa 13.00–2.00 Uhr, Preis Cocktail 12 €, Bus 13 Santa Eulària

(24) Knusprige Tacos, würzige Fajitas und andere ausgezeichnete mexikanische Spezialitäten ... Mit der hippen gelb-blauen Einrichtung, dem leckeren Essen und dem freundlichen Personal ist das **El Deseo** ein Ort, den man gern immer wieder besucht.

Passeig Maritim 10, FB @eldeseoibiza, Tel. +34 971896829, Mo–Mi & Fr–So 12.00–20.00 Uhr, Preis 15 €, Bus 13 Santa Eulària

(25) Am schönen Boulevard liegt das farbenfrohe Restaurant **Caos**, das schmackhafte, gesunde Gerichte serviert. Vom Sandwich mit hausgemachter Erdnussbutter und Banane bis zum Wrap mit Hühnchen und Feta: Jedes Gericht ist bunt und lecker. Hier kannst du auch gute frische Säfte und schöne Cocktails genießen. Empfehlenswert kurz vor Sonnenuntergang mit herrlichem Blick über das Meer.

Carrer del Mar 2, FB @caosibiza, Tel. +34 639614195, Mo–Di & Do–So 12.00–0.00 Uhr, Preis 9 €, Bus 13 Santa Eulària

(26) Die Eisdiele **Antarctica Heladeria** ist die beste von Santa Eulària. Das Eis wird aus 100 Prozent natürlichen Zutaten zubereitet und ist einfach köstlich. Deutlich schmeckst du das frische Obst im Sorbet. Sämtliche Produkte werden ohne Zusatzstoffe aromatisiert. Der Salon liegt am Boulevard nah am Strand. Ein idealer Zwischenstopp für ein erfrischendes Eis!

Passeig Maritim 7 FB @antarcticaheladeria, Tel. +34 971318609, Mai & Okt tgl. 12.00–19.00, Juni–Sep tgl. 11.00–23.00 Uhr, Preis Eisbecher ab 2,50 €, Bus 13 Santa Eulària

(27) Eingefleischter Burger-Fan? Dann ist dieser Ort für dich ein Muss! Vom 400-Gramm-Beef-Burger bis zum Veggie-Burger mit Bohnen-Patty ist für jeden Geschmack etwas dabei. Das **Project Social** ist für Streetfood und Cocktails ab-

solut angesagt. Außerdem gibt es viele verschiedene Biersorten im Ausschank. Nicht umsonst ist dieses Restaurant ein beliebter Treffpunkt bei den Locals.
Carrer de Sant Lloreng 22, www.projectsocial.co, Tel. +34 871110893, tgl. 12.00–0.00 Uhr, Preis 9,75 €, Bus 13 Santa Eulària

(28) Direkt hinter dem Hafen liegt das peruanisch-japanische Restaurant **Higo**, ein stilvolles Restaurant, dessen Gerichte deine Geschmacksknospen verwöhnen werden. Die Karte ist nicht groß, bietet aber genug Auswahl an Fisch-, Fleisch- und vegetarischen Gerichten. Die Köche arbeiten gern mit biologischen, nachhaltigen Produkten. Diese Reinheit schmeckt man einfach!
Carrer de Sant Joan 38, www.restauranthigo.com, Tel. +34 690929094, Di–So 13.30–17.00 & 19.30–1.00 Uhr, Preis 15 €, Bus 13 Santa Eulària

(29) Steaks und gut gegrilltes Fleisch kannst du in diesem hübschen, intimen Restaurant genießen. Im romantischen Innenhof des **Sa Carboneria** wird sogar Fleisch angeboten, das 45 Tage gereift ist. Das Beste in ganz Santa Eulària.
Carrer Isidor Macabich 3, www.sacarboneria.com, Tel. +34 971339282, tgl. 19.30–0.00 Uhr, Preis 20 €, Bus 13 Santa Eulària

(30) Das **El Naranjo Ibiza** ist ein stimmungsvolles Restaurant für Mittag- und Abendessen. Es bietet einen schönen Innenhof und typisch spanische Einrichtung. Nichts Hippes also, aber das Essen ist spitzenmäßig. Lachstartar, Hähnchencurry oder leckere Süßspeisen voller Überraschungen. Eine verborgene Perle, an der du schnell vorbeiläufst, wenn du sie nicht kennst.
Carrer de Sant Josep 31, elnaranjoibiza.business.site, Tel. +34 971330324, Mai & Okt tgl. 13.00–16.00 & 19.00–23.00, Juni–Sep Di–So 13.00–16.00 & 19.00–0.00 Uhr, Preis 15 €, Bus 13 Santa Eulària

(31) Liebst du Chicken Korma, Madras oder Masala mit Jasminreis oder möchtest du einmal ein mega Naanbrot probieren? Dann musst du das **Kathmandu** unbedingt besuchen! Die Einrichtung ist ein bisschen altmodisch, aber das Essen unglaublich lecker und der Service ausgezeichnet. Das Restaurant liegt etwas versteckt. Einmal probiert heißt wiederkommen!
Carrer de Sant Vicent 49, www.kathmanduibiza.com, Tel. +34 971339635, tgl. 12.00–0.00 Uhr, Preis 12,50 €, Bus 13 Santa Eulària

16

12
ONAX

*
Shop with
the locals

7
FA
SHI
ON

SHOPPEN

⑦ Der schöne Conceptstore **El Lugar Ibiza** wurde 2021 eröffnet. Von Kleidung im Boho-Style über Schmuck, schöne Geschenke bis zu Accessoires für das Haus ist hier alles zu finden. Das Besondere an diesem Laden ist, dass sich darin sogar ein stilvoller, veganer Friseursalon der Besitzerin befindet. Wenn du möchtest, kannst du dich also komplett neu stylen lassen.
Passeig de s'Alamera 17, Insta @ellugaribiza, Mo–Sa 10.00–14.00 & 18.00–22.00 Uhr, Bus 13 Santa Eulària

⑩ Das **Plaisir Foie Gras** ist ein schickes Delikatessengeschäft, das von den Locals gern besucht wird. Hier testest du leckerste Weine in Kombination mit Käse oder Gerichten; toll, wenn du durch neue Geschmackskombinationen überrascht werden möchtest. Das ist die Adresse, wenn du eine gute Flasche Wein kaufen möchtest. Möchtest du ein bestimmtes Gericht zubereiten? Dann frag nach einer Weinempfehlung; die Besitzer berichten dir gern, welcher am besten passt.
Carrer de Sant Jaume 36, FB @plaisirfoiegrassantaeularia, Mo–Sa 12.00–0.30 Uhr, Bus 13 Santa Eulària

⑫ Eine stylische Boutique für moderne Alltagskleidung mit dem gewissen Extra. Von Jeans und Kleidchen bis zu grob gestrickten Jacken und Taschen: **Onax** verkauft Bekleidung im Ibzia-Style, aber ohne viel Klimbim, Federchen oder Schleifen. Eine gute Adresse für Damen- und Kinderbekleidung.
Carrer de Sant Jaume 57, FB @onaxibiza.es, Mo–Sa 10.00–14.00 & 16.30–20.30 Uhr, Bus 13 Santa Eulària

⑭ Im **Vintage Ibiza** gibt es eine schöne Kollektion lokaler Modedesigner für die ganze Familie. Die Kleidung besteht meist aus natürlichen Materialien und zeigt helle Farben, ist für Stadt und Strand geeignet und präsentiert nicht nur den typischen Ibiza-Style. Neben Kleidung sind Parfüm, Hüte und Mitbringsel im Sortiment. Mit Beratung durch die freundliche Besitzerin findest du immer ein hübsches Geschenk oder ein schönes Kleidungsstück.
Carrer de Sant Jaume 73, www.vintageibiza.es, Mo–Sa 10.30–14.00 & 17.30–20.30 Uhr, Bus 13 Santa Eulària

(32) Dieser Indoor-Markt voller Atmosphäre ist ideal, wenn du selbst den Kochlöffel schwingen möchtest. Vom frischen Brot bis zur großen Auswahl an Gemüse, Fleisch und Fisch: Dieser Ort ist bei Chefköchen und Einheimischen nicht umsonst populär. **Es Mercat** zählt zu den Höhepunkten von Santa Eulària, wenn du gutes Essen schätzt und gern Qualitätsprodukte in deiner Küche verarbeitest.
Carrer del Sol, FB @esmercatdesantaeularia, Mo–Sa 7.00–14.00 Uhr, Eintritt gratis, Bus 13 Santa Eulària

FREIZEITTIPPS

(3) Lust auf Wassersport, z. B. Wasserski, oder eine Erkundungstour mit dem Jetski? Dann bist du bei **Water Sports Boca Rio** an der richtigen Adresse. Auf einem Austlug erkundest du gemeinsam mit einem Guide die Bucht von Santa Eulària mit dem Jetski oder besuchst die nächste Insel, Tagomago.
Carrer des Riu 7 www.watersportsbocario.com, tgl. 10.00–18.00 Uhr, Preis Wassersportaktivität ab 15 €, Bus 13 Santa Eulària

(15) Du möchtest die ausgetretenen Pfade gern verlassen und mehr von der herrlichen Natur um Santa Eulària sehen? Bei **Kandani** geht das mit Guide per Mountainbike. Auch wenn du noch keine Erfahrung hast, ist das kein Problem. Du kommst garantiert an fantastische Orte, die du im Alleingang nie entdecken würdest. Natürlich kannst du ein Bike auch ohne Guide mieten.
Carrer de Cèsar Puget Riquer 27, www.kandani.es, Mo–Fr 9.00–13.30 & 16.30–20.30, Sa 9.00–13.30 Uhr, Preis Fahrradverleih für 1 Tag ab 15 €, Radtour mit Guide ab 36 €, Bus 13 Santa Eulària

(17) Das Hotel **Aguas de Ibiza** hat den schönsten Spa der Insel. Hier kannst du bei einer Massage entspannen. Lass dich im warmen Schwimmbecken treiben, werde mit Fitness aktiv oder besuch die Sauna. Auf der Dachterrasse des Hotels kannst du nach dem Spa in der luxuriösen Chill-out-Location **Maymanta Pisco Bar** noch einen Happen essen und einen Drink nehmen. Cocktails auf Basis des südamerikanischen Getränks Pisco sind die Spezialität dieser Bar.
Salvador Camacho 9, www.aguasdeibiza.com/nl/spa, Spa tgl. 11.00–22.00, Bar tgl. 10.30–1.30 Uhr, Eintritt Spa 40 €, Preis Cocktail 15 €, Bus 13 Santa Eulària

22

17

21
MARIN
SANTA EULA

(19) Möchtest du beim Schnorcheln gern noch mehr Fische entdecken? Dann geh mit dem **Aqua Diving Center** auf Tauchgang. Ob Anfänger oder fortgeschrittener Taucher, hier gibt es für jeden ein passendes Angebot. Los geht es mit dem Boot zu einer schönen Stelle, an der du z. B. eine Meeresgrotte oder ein gesunkenes Schiff besichtigen kannst. Außerdem natürlich auch viele faszinierende Fische!
Passeig del Port Local 18b, www.aquadivingcenter.com, April–Mai Di–So 9.30–21.30, Juni–Okt tgl. 9.30–21.30 Uhr, Preis ab 67 €, Bus 13 Santa Eulària

(21) Die **Marina** von **Santa Eulàlia** ist nach dem Hafen von Ibiza-Stadt und dem von Sant Antoni de Portmany der dritte Hafen der Insel. Die kürzlich renovierte Promenade ist von Restaurants und Boutiquen gesäumt. Am späten Abend lohnt sich der Besuch hier auf jeden Fall!
Edificio Capitania, www.marinasantaeulalia.com, Bus 13 Santa Eulària

(22) Mit der Fährverbindung **Santa Eulalia Ferry** kannst du den Hippiemarkt und viele Strände wie Cala Llonga oder Cala Pada besuchen. Vor allem im Sommer, wenn es an den Stränden voller wird, ist es toll, mit dem Boot anzukommen. Schon die Fahrt dorthin kann ein Erlebnis sein! Und wenn du Glück hast, siehst du Delfine ...
Port de Santa Eulària, www.santaeulaliaferry.com, tgl. 8.00–23.00 Uhr, Preis Hin- und Rückfahrt Cala Llonga 13 €, Bus 13 Santa Eulària

(23) Santa Eulalia ist vor allem ein Ort für Familien, das heißt aber nicht, dass man abends nicht ausgehen könnte. Bei **Guarana** gibt es mehrmals wöchentlich Livemusik und drinnen eine Tanzfläche. Ein kleiner Club ohne bekannte DJs oder Bands, aber toll zum ausgiebigen Feiern.
Port de Santa Eulària 9–10, guaranaibiza.com, Mi–So 22.30–6.00 Uhr, Preis Cocktail 10 €, Bus 13 Santa Eulària

ROUTE 3

NORDWEST-IBIZA

INFOS ZUR ROUTE

Diese Autotour führt durch verschiedene kleine Orte und über das schöne Land, wo du immer wieder auf hübsche Restaurants triffst. Die Strecke ist ziemlich lang, kann aber auch auf zwei Tage aufgeteilt werden. Den ersten (Sonn-)Tag dann am Strand von Benirràs mit den Trommeln der Hippies ausklingen lassen!

DIE ORTE

Sant Antoni de Portmany ist der drittgrößte Hafen von Ibiza. Der Ort mit dem schönsten Blick auf den Sonnenuntergang, der das Auflegen bei Sonnenuntergang weltweit zum Begriff gemacht hat. Im Hochsommer wird das Stadtzentrum von britischen Partygängern erobert, das Umland ist jedoch wunderschön.

Das Örtchen **Santa Inés** ist nicht besonders groß. Wegen der fantastischen Täler voller Mandelbäume und der hügeligen Weinfelder ist es auf der Insel aber heiß geliebt. Im Ort selbst laden einige Restaurants und eine Bodega ein, aber hier bist du eher schnell durch …

Sant Miquel de Balansat ist ein bisschen größer und wegen seiner erhöht gelegenen weißen Kirche schon von Weitem zu sehen. Es gibt einige praktische Läden, darunter Kiosk, Supermarkt und ein paar Restaurants. Dieser Ort besteht aus zwei Teilen: Sant Miquel und Port de Sant Miquel. Letzterer ist ein Küstenort mit Strand, Hotels und Souvenierläden sowie einigen Restaurants.

Cala Benirràs ist der trubelige Strand der Hippies, an dem sich die Locals seit Jahrzehnten sonntags zum Trommeln bis Sonnenuntergang treffen.

Im kleinen Örtchen **Sant Joan de Labritja** ist es während der Woche ruhig, aber am Sonntagmorgen erwacht der Ort mit Livemusik und Hippiemarkt zum Leben. Weniger kommerziell als andere dieser Art und deshalb einfach schöner.

Das Dorf **Sant Lloreng** besteht aus einer Kirche, einer Bushaltestelle und dem feinen Restaurant **La Paloma**. Man lässt es nach kurzer Fahrt hinter sich.

Der kulinarische Ort der Insel, **Santa Gertrudis de Fruitera**, bietet eine enorme Auswahl an guten Restaurants. Mit seinem Spielplatz, der internationalen Schule in der Nachbarschaft und der zentralen Lage auf der Insel ist es ein beliebtes (internationales) Dorf bei Familien.

WENIG ZEIT? DAS SIND DIE HIGHLIGHTS:
LAS PUERTAS DEL CIELO + AUBERGINE + COVA DE CAN MARCA + HIPPIEMARKT SANT JOAN + BODEGAS CAN RICH

TIPPS

// Für den ersten und Folgebesuche geeignet // Morgens ist es noch nicht so heiß // Für den Hippiemarkt die Route am Sonntag fahren

NORDWEST-IBIZA

1. Rita's Cantina
2. Cala Gracioneta
3. Hostal La Torre
4. Las Puertas del Cielo
5. Can Cosmi
6. Cala d'Albarca / Punta de Piedra
7. Can Cires
8. Aubergine
9. Salvia
10. Església de Sant Miquel
11. La Luna Nell' Orto
12. La Posidonia / Hacienda Na Xamena
13. Cova de Can Marçà
14. Cala Benirràs
15. Bohemian Boat Charter
16. Elements
17. Trommelnde Hippies
18. The Giri Café
19. Hippiemarkt Sant Joan
20. Gare du Nord
21. World Family Ibiza
22. Agroturismo Atzaró
23. La Paloma
24. SLUIZ.
25. Wild Beets
26. L'Atelier Numero 74
27. Baron
28. Església de Santa Gertrudis de Fruitera
29. Bar Costa
30. Es Cucons La Tienda
31. Beatrice San Francisco
32. Musset
33. Mercat de Forada
34. Can Tixedo
35. Bodegas Can Rich

LEGENDE
>> SEHENSWÜRDIGKEITEN
>> ESSEN & TRINKEN
>> SHOPPEN
>> FREIZEITTIPPS
Golf von Valencia
Portinatx
Cala Benirràs
Port de Benirràs
Port de Sant Miquel
Sant Llorenç
Sant Joan de Labritja (San Juan Bautista)
Cala d'Albarca
Sant Miquel de Balansat
ROUTE 3
Sant Mateu d'Albarca
Santa Agnès de Corona
Sant Llorenç de Balàfia
Can Negre
Cami Vell de Sant Mateu
Santa Gertrudis de Fruitera
Can Ramon
Cala Gracio
Sant Antoni de Portmany (San Antonio Abad)
START
ZIEL
Cala de Bou
Can Costa Redona
Can Tomàs
Can Pujolet
Sant Rafel (San Rafael)
Cana Negreta
Can Furnet
Can Llaudis
Bella Vista
PM-804
SN-1
SN-2
E-10
PMV-804-1
PMV-812-1
PM-812
PMV-812-2
PM-803
C-731
E-30
EI-200
PMV-810-2
PMV-810-1
0
250

BESCHREIBUNG ROUTE 3 (ca. 96 km)

Starte mit einem leckeren Frühstück 1. Verlass den Hafen von Sant Antoni über die Passeig de la Mar und fahr am Kreisverkehr geradeaus. Am nächsten Kreisverkehr biegst du links ab. Fahr geradeaus und nimm am dritten Kreisverkehr die Ausfahrt nach Cami de sa Talaia und Cap Negret. Bieg am Schild Cala Gracioneta links ab. Stell das Auto ab und geh in Richtung Bucht 2. Fahr zurück zur Gabelung und bieg links in die Carretera Cap Negret 3. Fahr zurück zum Kreisverkehr und fahr links in die Carrer de Santa Agnès. Folge den Kurven einige Kilometer und bieg an der Beschilderung links ab, über den Cami Corona Atalaia de S und Tanque de s'Hereu nach Santa Inés 4. Weiter geht es nach Santa Agnès de Corona; halte dich dazu an der Gabelung rechts. Zeit für lokale Snacks 5! Fahr auf dem Cami Corona de Dalt aus dem Dorf hinaus und halte dich an der Gabelung links. Bieg an der Cala d'Albarca links ab 6. Die Wanderroute beginnt am unbefestigten Parkplatz. Heißhunger? Geh zur geteerten Straße zurück und bieg rechts nach Sant Mateu d'Albarca für lokale Pizza ab 7. Bieg hinter der Kirche links in die Hügel ab und folge der Straße SN-2 nach Sant Miquel. Bieg an der Gabelung im Dorf rechts ab 8 oder fahr in Richtung Dorf für eine luxuriöse Mahlzeit 9. Von der Hauptstraße fährst du zur hoch gelegenen Kirche in der Ferne, durch das Dorf und rechts nach oben 10. Steig die Treppe hinab 11. Steig ins Auto und bieg links ab, über die Carrer des Port Richtung Port Sant Miquel. Bevor du an die Bucht kommst, fährst du links in die Carrer na Xamena 12. Fahr zurück, links abbiegen und direkt zum Strand. Bieg nach ungefähr 300 Metern links zur Grotte ab 13. Durch die Hügel gelangst du an den Strand von Benirràs 14 15 16 17. Von der Bucht fährst du über die Carrer Benirràs A, die SN-1 und die E-300 hoch nach Sant Joan de Labritja 18 19 20. Verlass das Dorf über die E-300, um noch shoppen zu gehen 21. Bieg rechts ab und fahr Richtung Ibiza-Stadt. Am Schild „Agroturismo Atzaró" 22 fährst du ins Hinterland. Jetzt zurück, bieg links und dann rechts ab und fahr nach einem Halt an einem idyllischen Restaurant 23 weiter oder hol dir schnell ein paar Wohninspirationen 24. Fahr jetzt ins kulinarische Dorf Santa Gertrudis 25 26 27 28 29 30 31 32. Jetzt rechts aus dem Dorf hinaus über die PMV-804-1 und nimm die Nebenstrecke nach Sant Antoni de Portmany. An der Kreuzung hinter der Abfahrt kannst du einen Stopp einlegen 33 34. Fahr weiter und bieg an den Weinfeldern links ab 35. Dann geht es geradeaus weiter bis zu einem Kreisverkehr. Nimm hier die dritte Ausfahrt und am nächsten Kreisverkehr die erste Ausfahrt. Jetzt fährst du wieder Richtung „Ei des Kolumbus" und bist zurück in Sant Antoni.

SEHENSWÜRDIGKEITEN

(4) Wenn man diesen Ort nicht kennt, ist man schnell daran vorbeigefahren ... Man denkt nämlich, dass hier niemals jemand herkommt, aber das ist völlig falsch. Von diesem Aussichtspunkt in großer Höhe hast du nämlich einen sensationellen Blick über das Meer mit einer kleinen Felsformation. Er wird auch „Himmelspforte" genannt, weil es ein so besonders schöner Ort ist. Das kleine Holzrestaurant, das hier auf den Felsen liegt und sehr passend **Las Puertas del Cielo** (wörtlich Himmelstüren) heißt, ist bei den Einheimischen eine der beliebtesten Adressen für Paella. Der perfekte Ort, um bei einem Glas Sangria einen unvergesslichen Sonnenuntergang zu genießen!
Cami Des Pla de Corona km 2, Santa Agnès de Corona

(10) Diese wunderschöne weiße Kirche liegt im höchsten Bereich der weitläufigen Umgebung und hat als Eingang einen kleinen Platz mit weißen Bögen. Der Grundstein der **Església de Sant Miquel** wurde im 16. Jahrhundert gelegt. Die Kirche wurde im 18. Jahrhundert verschönert und mit dem benachbarten Priesterhaus vereint. Dieses ist jetzt zu einem kleinen Laden geworden, in dem du Souvenirs erwerben kannst. Diese Kirche hat als einzige auf der Insel eine T-Form. Von außen wirkt sie geradlinig und steril, im Innenbereich sind vor allem die Fliesen an einem Teil der Wände eine Besonderheit. Weil die Kirche so hoch liegt – früher wurde dieser Standort genutzt, um Piratenschiffe zu sichten –, hast du vom Wanderweg um die Kirche einen schönen Panoramablick über die Insel.
Carrer de Missa, Sant Miquel de Balansat, tgl. 10.00–14.00 Uhr, Eintritt gratis

(28) Die katholische Kirche in Santa Gertrudis de Fruitera, **Església de Santa Gertrudis de Fruitera**, fällt wegen ihrer weißen Mauern und dem quietschgelben Dach mit Glockenturm sofort ins Auge. Die Kirche selbst stammt aus dem Jahr 1797, hat aber mittlerweile mehrere Renovierungen erlebt. Und deshalb sieht sie heute von außen noch so gepflegt aus. Der Innenraum ist eher traditionell mit vielen Gemälden, sie ist aber dennoch eine der charmantesten kleinen Kirchen der Insel.
Carrer de la Vénda des Poble 12, Santa Gertrudis de Fruitera, tgl. 12.00–21.00 Uhr, Eintritt gratis

23

29
BAR COSTA

ESSEN & TRINKEN

(1) **Rita's Cantina** ist ein gemütliches Café-Restaurant mit Terrasse in Hafennähe in Sant Antoni. Ob Sommer oder Winter, dieses Café ist immer gut besucht, weil das Essen so gut und absolut bezahlbar ist. Perfekt für ein leckeres Frühstück, ein gutes Mittagessen oder das Dinner. Die Musik ist immer super, das Personal freundlich und die Atmosphäre ungezwungen. Wie es sich in einem Café gehört!
Carrer de Madrid 1, Sant Antoni de Portmany, ritasibiza.com, Tel. +34 971343387, tgl. 8.00–0.00 Uhr, Preis 8,95 €

(3) Möchtest du den Sonnenuntergang mit deinem oder deiner Liebsten an einem besonderen Ort betrachten? Dann aufgepasst: Das Restaurant **Hostal La Torre,** das auch Hotel ist, liegt auf einer Felswand mit 180 Grad freiem Blick über das Wasser. Mit etwas Glück kannst du sogar Delfine beobachten! Auf der Speisekarte stehen schmackhafte Tapas. Du kannst sie am Tisch auf der großen Terrasse genießen oder in privater Atmosphäre auf einer der Felsplattformen.
Carretera Cap Negret 25, Urbanización Cap Negret, Sant Antoni de Portmany, www.latorreibiza.com, Tel. +34 971342271, tgl. 9.00–0.00 Uhr, Preis 14 €

(5) Dieses typisch spanische Café ist für seine spanischen Tortillas berühmt (Ei mit Kartoffelscheiben und Zwiebeln), die wunderbar zu Wein oder Bier passen. Das Essen ist einfach, aber angesichts der niedrigen Preise prima. Die Lage des **Can Cosmi** ist wunderschön: Die kleine Terrasse liegt im Dorf Santa Agnès, direkt an der weißen Kirche. Du wirst sehen, dass hier immer ordentlich Betrieb herrscht!
Plaça de l'Església, Santa Agnés de Corona, Tel. +34 971805020, Mo & Mi–So 13.00–16.00 & 20.00–22.00 Uhr, Preis 12 €

(7) In der charmanten Finca des **Can Cires** mit alten Steinmauern gibt es hauptsächlich lokale Speisen. Das Fleisch aus der Gegend stammt ausschließlich von grasgefütterten Tieren, Obst und Gemüse werden saisongerecht verarbeitet und sämtliche Desserts sind hausgemacht. Die typisch spanische Einrichtung ist ein bisschen altmodisch, aber das Essen ist großartig. Dieses Restaurant ist für seine spezielle Pizza ohne Tomatensoße, dafür aber mit viel Käse bekannt.
Cami des Pla, Sant Mateu d'Albarca, FB @restaurantecancires, Tel. +34 971805551, Mo & Mi–So 12.00–0.00 Uhr, Preis 20 €

(8) Wenn du reines, natürliches Essen liebst, ist dieses Restaurant für dich ideal. Bei **Aubergine** wird nach dem Prinzip *farm to table* gearbeitet. Nach der Zubereitung mit relativ wenig Zutaten erhältst du ein fantastisch präsentiertes Gericht. Die Speisen sind häufig vegetarisch und schmecken im herrlichen Innenhof noch mal so gut. Möchtest du nach dem Essen einige lokale Produkte mit nach Hause nehmen? Dann schau im Shop vorbei!

Carretera de Sant Miquel km 9,9, Sant Miquel de Balansat, www.aubergineibiza.com, Tel. +34 971090055, tgl. 12.00–23.00 Uhr, Preis 20 €

(9) Wenn du ein bisschen luxuriöser dinieren möchtest, mit Blick auf einen tollen, von Zypressen umgebenen Pool, ist das Restaurant **Salvia** eine ausgezeichnete Wahl. Hier werden mediterrane und internationale Speisen serviert, die immer herrlich angerichtet und äußerst schmackhaft sind. Dieses Restaurant liegt weit genug im *campo*, sodass du einen beeindruckenden Sternenhimmel betrachten kannst. An einigen Abenden pro Woche wird als Abrundung eines romantischen Abends akustische Livemusik geboten.

Carretera de Sant Miquel km 10, Sant Miquel de Balansat, www.salviaibiza.com, Tel. +34 629676781, tgl. 8.30–0.00 Uhr, Preis 24 €

(11) Das süße Restaurant **La Luna Nell' Orto** liegt direkt unterhalb der Kirche. Ein herrlicher Ort für Lunch oder Dinner. Die Pasta wird von den Köchen tgl. frisch zubereitet, das Fleisch kommt vom Grill. Hier schmeckst du echte italienische Leidenschaft. In der Sommersaison treten regelmäßig Bands auf und verleihen dem hübschen Setting mit italienischen Speisen noch eine weitere Dimension.

Carrer des Port, Sant Miquel de Balansat, www.lunanellorto.com, Tel. +34 971334599, Mai–Juni & Sep–Okt Mo & Mi–So 20.00–0.00, Juli–Aug tgl. 20.00–0.00 Uhr, Preis 18 €

(16) Im modernen Beachclub **Elements** kannst du mittags und abends herrlich stilvoll speisen. Mit nackten Füßen im Sand oder auf der Terrasse sitzt du an meist recycelten Holztischen oder auf Lounge-Bänken, während du den Blick auf die Bucht von Benirràs genießt. Auch eine tolle Location, um mit Kindern zu essen. Die Karte variiert von Burgern bis zu Salat.

Cala Benirràs, Sant Miquel de Balansat, www.elements-ibiza.com, Tel. +34 971333136, tgl. 10.00–0.00 Uhr, Preis 24 €

25

20

25

(18) **The Giri Café** liegt am Dorfplatz von Sant Joan und scheint von außen nur ein kleines Café zu sein. Wenn du aber eintrittst, siehst du den tollen Innenhof mit Tischen und Lounge-Betten. Hier wird Frühstück, Mittag- und Abendessen guter Qualität mit Fusion Food und asiatischen Einflüssen serviert. Etwas teurer, aber das Geschmackserlebnis ist auch entsprechend. Ein verborgenes Juwel.
Plaça Espanya 5, Sant Joan de Labritja, cafe.thegiri.com, Tel. +34 971333474, Di–Sa 10.00–23.00, So 10.00–18.00 Uhr, Preis 24 €

(20) Das B&B **Gare du Nord** hat 2017 ein Restaurant eröffnet. Draußen im Patio hinter dem Restaurant sitzt du gemütlich an Picknicktischen aus Holz und kannst ständig variierende Gerichte nach Saison genießen. Einfach lecker und zu fairen Preisen. Kinder haben in der Spielecke im Innenhof ihren Spaß.
Carrer de sa Cala 11, Sant Joan de Labritja, www.garedunordibiza.com, Tel. +34 971333602, Mi–So 9.00–16.00, Do 20.00–0.00 Uhr, Preis 25 €

(23) In diesem gemütlichen, stilvollen Café (tagsüber) und Restaurant (abends) kannst du im schönen Innenhof wunderbar essen. Die pastellfarbenen Tische und

liebevoll arrangierten Gerichte gefallen vielen Gästen. Das freundliche Personal des **La Paloma** serviert hausgemachte Gerichte vor allem auf italienische Art.
Carrer Can Pou 4, Sant Lloreng de Balafia, www.palomaibiza.com, Tel. +34 971325543, tgl. 12.30–16.30 & 19.30–23.30 Uhr, Preis 12 €

(25) Liebst du rohe, vegane und pflanzliche Ernährung? Bei **Wild Beets** erwartet dich ein üppiges Angebot an herrlich gesundem Essen. Von Tartes bis zu luftigen Frühstückspfannküchlein und herrlich frischen Suppen bis zu Salaten – hier kannst du nach Herzenslust verantwortungsvoll schlemmen.
Carrer Venda de Llatzèr 9, Santa Gertrudis de Fruitera, www.wildbeets.com, Tel. +34 971197870, tgl. 9.00–17.00 Uhr, Preis Mittagsgericht 14,50 €

(29) Am Ende des Nachmittags kannst du hier einkehren und ein *cana* (frisch gezapftes Bier) und einen Tapa genießen. Hier sitzt du zwar nicht gerade komfortabel, aber extrem spanisch! Neben Bier oder Wein bestellst du in der **Bar Costa** ein *tostada* (geröstetes Brot mit Tomate) mit spanischem Schinken oder Käse; das ideale Appetithäppchen, um den Abend noch ein bisschen hinauszuzögern.
Plaça de l'Església, Santa Gertrudis de Fruitera, Tel. +34 971197021, Mo & Mi–So 8.00–0.00 Uhr, Preis Tostada 4 €

(32) In das moderne Restaurant **Musset** kommen Familien am Wochenende und abends gern zu Besuch, um einen Happen zu essen. Die Karte ist vielseitig: Du bekommst frische Säfte und süße Brötchen zum Frühstück, Tapas und Burger zu Mittag und sogar Sushi und Curry am Abend. Probier auf jeden Fall die hausgemachten Tartes ... Die *banoffee* mit Erdbeeren ist sündhaft lecker!
Carrer Venda de sa Picassa 2, Santa Gertrudis de Fruitera, www.mussetibiza.es, Tel. +34 971197671, tgl. 9.00–23.00 Uhr, Preis 15 €

(34) Das Kunstcafé **Can Tixedo** liegt an der Kreuzung einer Durchgangsstraße, nichtsdestotrotz herrscht auf der Terrasse reger Betrieb. Morgens kannst du dir ein *tostada* bestellen, dieses Café ist jedoch vor allem wegen seiner Tapasgerichte bekannt. Im Innenraum hängt viel Kunst, die ständig wechselt. Mehrmals jährlich werden auch Events mit Livemusik organisiert.
Carretera Santa Inés km 5, Plaça de Forada, Sant Antoni de Portmany, www.cantixedo.com, Tel. +34 971345248, Di–So 9.00–0.00 Uhr, Preis Tapas 7 €

SHOPPEN

(21) Die kunterbunte Hippiefamilie **World Family Ibiza** stellt folkloristische Kleidung, Taschen und Schuhe im Boho-Style her. Die Produkte sind mit Blütenbordüren und Fransen versehen, hergestellt aus natürlichen Materialien wie Leder und Baumwolle. Steine und Federn dienen als Deko und alles ist handgefertigt.
Carretera a Sant Joan km 17,5, Sant Joan de Labritja, www.worldfamilyibiza.com, tgl. 10.00–18.00 Uhr

(24) **SLUIZ.** ist ein großer, besonderer Einrichtungs- und Kleiderladen auf der Insel. Die niederländischen Besitzer gründeten dieses Geschäft voller schöner, origineller Geschenke vor gut 30 Jahren. Heute besteht das Sortiment aus heller, moderner Deko, Möbeln und Kleidung. Außerdem gehört ein kleines Café dazu.
Santa Gertrudis de Fruitera, www.sluiz.com, tgl. 10.00–20.00 Uhr

(27) Kleidung schönster Qualität erhältst du bei **Baron**. In den benachbarten Herren- und Damenfilialen findest du eine Kollektion wunderbarer, nachhaltiger Kleidung. Schöne Oberhemden und Hosen für Männer, für Damen vor allem Tuniken, Blusen und Kleider. Tragbar und einmal nicht im üblichen Ibiza-Stil.
Carrer Venda de Fruitera 5, Santa Gertrudis de Fruitera, www.baronibiza.com, Mo–Sa 10.00–15.00 & 16.00–19.00 Uhr

(30) Im wunderschönen Laden **Es Cucons La Tienda** werden nicht nur Wohndeko und -accessoires verkauft, auch Spielzeug und Kleidung für Damen und Herren gehören zum Sortiment. Alles in Naturtönen, oft aus natürlichen Materialien.
Plaça de l'Església 7, Santa Gertrudis de Fruitera, FB @escuconslatienda, tgl. 10.30–20.00 Uhr

(31) In der Kleiderboutique **Beatrice San Francisco** kannst du handgehäkelte Baumwollkleidung kaufen. Die Kleidung wird von einer ibizenkisch-deutschen Familie gefertigt, die seit fast 20 Jahren auf der Insel lebt. Sie ist für asymmetrische Mode bekannt, die immer maßgefertigt wird. Sehr komfortabel und stilvoll.
Carrer Vénda de Parada 8, Santa Gertrudis de Fruitera, www.beatricesanfrancisco.com, Mo–Sa 10.30–14.00 & 17.00–20.30 Uhr

19

31

FREIZEITTIPPS

② Neben der größeren Bucht Cala Gració liegt ihre kleinere Schwester, die noch schöner und romantischer ist. Die abgeschiedene Bucht **Cala Gracioneta** ist bis weit hinaus seicht, umgeben von herrlichen Felsen, und hat sehr klares Wasser, das zum Schnorcheln einlädt. Der Strand ist nicht groß, geh also früh hin, wenn du hier ein Plätzchen möchtest. Im Beachclub **Cala Graioneta** kannst du einen Happen essen und etwas trinken.

Carrer a Grasio 5, Sant Antoni de Portmany

⑥ Gehst du gern wandern? Dann solltest du unbedingt von Sant Mateu zur **Cala d'Albarca** fahren und dann bergab wandern. Nach etwa einer halben Stunde Fußweg auf einem Pfad voller Geröll gelangst du an eine Felsbrücke, **Punta de Piedra**. Hier kannst du auf der Brücke innehalten, direkt oberhalb des Meers. Die Aussicht auf die schroffen Felswände und das Meer ist hinreißend. Schwimmen ist hier nicht möglich, dafür ist es von den Felsen zum Meer zu hoch.

Cala d'Albarca, Sant Mateu d'Albarca

⑫ Lust auf einen Spa-Besuch? Bei **La Posidonia**, das zum Resort **Hacienda Na Xamena** gehört, kannst du dich mit Wasserstrahlen massieren lassen. Indem du alle fünf Minuten die Bäder wechselst, wird immer ein anderer Körperbereich massiert. Nach 50 Minuten bist du wunderbar entspannt und sicher von der fantastischen Aussicht auf die Felsen und das Meer beeindruckt. Eine ganz besondere Spa-Behandlung, die du bestimmt nie vergessen wirst!
Carrer na Xamena, Sant Miquel de Balansat, www.laposidonia-ibiza.com, tgl. 10.00–20.00 Uhr, Preis Spa-Behandlung 55 €

⑬ In der Höhle von Sant Miquel kannst du zahlreiche beeindruckende Tropfsteine bestaunen. Selbst Wasserfälle sind hier versteinert. Da die Steingebilde fantastisch beleuchtet werden, sind alle Formen schön betont. Der Blick vom Aussichtspunkt an den Felsen über das Meer ist ebenfalls beeindruckend. Die **Cova de Can Marça** ist schon Hunderttausende Jahre alt und wurde früher von Schmugglern als Umschlagplatz genutzt. In der Höhle kannst du noch die roten Markierungen sehen, die im Notfall zum Ausgang weisen.
Cova de Can Marça, Port de Balansat, Port de Sant Miquel, tgl. 10.30–17.30 Uhr, Eintritt 11 €

⑭ Die Bucht von **Cala Benirràs** ist bei Weitem der schönste Ort, um den Sonnenuntergang im Norden der Insel zu bewundern. Der berühmte Meeresfelsen in Buchtnähe ähnelt einem sitzenden Mann. Ein echter Familienstrand, besonders sonntags wegen der trommelnden Hippies bei Sonnenuntergang immer gut besucht.
Cala Benirràs, Port de Sant Miquel

⑮ In der Bucht von Benirràs liegen einige spanische Fischerboote von **Bohemian Boat Charter.** Dieser Bootstyp wird Llaut genannt und ist ideal für Paare, Freunde oder die Familie. Mit einigen Holzbooten kannst du die Buchten der Umgebung mit bis zu sechs Personen ohne Kapitän erkunden. Schatten spendet ein Tuch über dem Boot. An Bord befinden sich Schnorchelausrüstungen und eine Kühlbox für Speisen und Getränke. Die Miete ist für einen halben oder den ganzen Tag möglich – oder nur für den Sonnenuntergang.
Cala Benirràs, Port de Benirràs, www.bohemianboatcharters.com, tgl. 8.00–22.00 Uhr, Preis Bootsmiete ab 180 €, Bus 23 Cala Benirràs

⑰ Jeden Sonntagnachmittag versammeln sich große Gruppen **trommelnder Hippies** an der linken Seite der Bucht von Benirràs an den Fischerhütten. Dort bleiben sie bis Sonnenuntergang. Dieses wöchentliche Event ist mittlerweile so populär, dass es schwer ist, einen Parkplatz zu finden. Also lieber früh hingehen! Und es ist fantastisch, mitzumachen ... Um den Sonntagnachmittag und -abend noch schöner zu gestalten, zieht der Hippiemarkt von Sant Joan am d Nachmittag nach Benirràs.
Cala Benirràs, Port de Benirràs

⑲ Im urigen Dorf Sant Joan herrscht sonntags mehr Trubel als normalerweise. Der **Hippiemarkt von Sant Joan** ist ein Sonntagsmarkt mit vielen lokalen Ständen, an denen Speisen und Getränke angeboten werden. Immer ein Erlebnis, sogar im Winter. Auf dem großen Platz gibt es oft Livemusik. Dann sitzen Einheimische und Touristen auf den Stufen oder kleinen Restauranterrassen, mit einem Drink in der Hand, und genießen die wunderbare Atmosphäre mit Musik.
Sant Joan de Labritja, So 10.00–15.00 Uhr, Eintritt gratis

㉒ Das **Agroturismo Atzaró** ist ein herrlich rustikales Hotel mit Spa, Geschäften und verschiedenen Restaurants. Im weitläufigen Innenhof um den langen, schmalen Pool werden mehrmals jährlich Events organisiert; vom Sommerfestival mit Modenschau bis zum Spiritfestival mit Yogastunden und Massagen. Aber auch schön, um einen Tag im Spa zu verbringen, lecker zu essen oder in dieser schönen, inspirierenden Location eine Yogastunde zu absolvieren.
Carretera a Sant Joan km 15, Can Negret, www.atzaro.com, Hotel tgl. 10.00–0.00 Uhr, Preis Spa einschl. Mittagessen & Yogastunde 45 €, unterschiedliche Preise für Festivals

㉖ Im **L'Atelier Numero 74** kannst du nicht nur wunderbar (mit großem vegetarischem Angebot) speisen, sondern auch tolle Aktivitäten unternehmen. Für Kinder und Erwachsene werden kreative Workshops für Häkeln, Töpfern und Malen organisiert. Die französischen Besitzer betreiben neben einem Restaurant mit offener Küche auch ein Geschäft, in dem du Kleidung und kreative Sets kaufen kannst, um selbst hübsch gehäkelte Wandbilder herzustellen. Sonntags ist Familientag, falls du mit Kindern zu Besuch kommen möchtest.
Carrer Venda de Fruitera 4, Santa Gertrudis de Fruitera, latelier-ibiza.numero74.com, tgl. 10.00–20.00 Uhr, Preis Brötchen 6, Workshop 35 € (im Voraus reservieren)

Go & explore

13

(33) Auf dem kleinen **Mercat de Forada** bieten die Einheimischen und Bauern frische Produkte wie Honig, Gemüse, Obst, Brot und Olivenöl an. Außerdem gibt es eine kleine Bar mit Getränken und einige Stände, an denen du frische Gerichte bekommst. Die insgesamt nur 15 Stände vermitteln ein schönes Bild der Märkte auf Ibiza vor 30 Jahren. Mitten auf dem Markt stehen Plastikstühle, auf denen du deine gekauften Speisen sofort genießen kannst.
PMV-812-1 22, Sant Antoni de Portmany, FB @mercatdeforada, Sa 10.00–16.00 Uhr, Eintritt kostenlos, Bus 30 Can Tixedo

(35) Nach der Fahrt entlang der Weinfelder mit den wunderbaren Trauben bist du wirklich neugierig, wie der Wein schmeckt, der aus ihnen gemacht wird. **Bodegas Can Rich** ist auf Ibiza und weit darüber hinaus ein Begriff. Hier werden verschiedene Sorten ökologischer Wein, Olivenöl, Balsamicoessig und sogar Salz mit Weinaroma zum Würzen von Fleisch angeboten. Morgens können die Produkte gekauft werden. Wenn du dich vorher mit einer Gruppe von sechs bis acht Personen anmeldest, organisieren sie eine ausgezeichnete Weinprobe für dich.
Cami de sa Vorera, Sant Antoni de Portmany, www.bodegascanrich.com, Mo–Fr 10.00–14.00 Uhr, Preis Weinprobe 15 € pro Person

ROUTE 4

SÜD-IBIZA

INFOS ZUR ROUTE

Auf dieser Tour entdeckst du einige schöne Buchten, den höchsten Berg der Insel und kommst an glitzernden Salzseen vorbei, an denen du mit etwas Glück Flamingos sichten kannst. Eine perfekte Kombination aus kleinen Dörfern, guten Restaurants und intimen Plätzen, die du als Tourist normalerweise nicht finden wirst. Hier triffst du vor allem viele Einheimische – eigentlich immer ein gutes Zeichen!

DIE ORTE

Durch das weiße Örtchen **Sant Josep de sa Talaia** fährt man meist einfach hindurch. Es ist aber absolut empfehlenswert, hier einen Halt einzulegen: Es gibt schöne Restaurants, den höchsten Berg der Insel und echtes dörfliches Leben.

Ibiza ist eine relativ kleine Insel mit extrem vielen Buchten, insgesamt ungefähr 55. **Cala Tarida**, **Cala Vadella** und **Cala d'Hort** sind wegen des tiefblauen Wassers, der Strandrestaurants und des Blicks auf den berühmtesten Felsen der Insel, **Es Vedra** (von Cala d'Hort), die bekanntesten.

Das kleine Dorf **Es Cubells** besitzt eine schöne Kirche, zwei Restaurants auf dem Hügel und eines am Strand – und das war es eigentlich schon. Der Meerblick gibt dem Ort viel Atmosphäre und die Locals essen hier gern. Die Serpentinen nach Es Cubells werden durch luxuriöse, authentische Villen aufgelockert.

Cala Jondal bietet keinen Sand, nur große Kiesel. Trotzdem ist diese Bucht beim Luxusvolk sehr beliebt, das sich lieber nicht ins Wasser begibt und stattdessen vor allem relaxt und Party macht. Der beliebteste Ort bei Einheimischen, die nicht per se auffallen möchten.

Der Ort **Sant Francesc de s'Estany** ist nicht wirklich beeindruckend: hie und da ein paar Gebäude, ist man schnell hindurchgefahren. Es gibt jedoch eine Reihe guter Restaurants und Clubs, außerdem die schönen Strände **Ses Salines** und **Es Cavallet**. Vor allem jedoch die Salzseen machen diesen Ort besonders.

Sant Jordi liegt an der Platja d'en Bossa und Ibiza-Stadt und ist der perfekte Ausgangsort für Locals, die in der Stadt arbeiten, für die Unterkunft aber nicht die Hauptsumme investieren möchten. Das Hippodrom, in dem früher Pferderennen stattfanden, ist jetzt samstagmorgens für Flohmarktfans ein echter Tipp.

WENIG ZEIT? DAS SIND DIE HIGHLIGHTS:
SA TALAIA + COTTON BEACH CLUB + CALA D'HORT + CAN BASS + SES SALINES

SÜD-IBIZA

1. Cactus
2. Racó Verd
3. Sa Talaia
4. Aurobelle
5. Cala Tarida
6. Cotton Beach Club
7. Cala Vadella / Paddle Surf Ibiza
8. Bon Sol
9. Boutique Alquimia
10. Cana Sofia
11. Es Vedra / Cala d'Hort
12. El Carmen
13. Torre des Savinar
14. Atlantis
15. Bar Grill Lumbi
16. Ses Boques
17. Club Hipico Horses
18. Can Bass
19. Cova Santa
20. Yemanja
21. Es Bol Nou
22. Jul's
23. Ses Salines / Torre de Ses Portes
24. Sa Trinxa
25. Vinyl Burger
26. Cas Costas
27. Sal de Ibiza
28. Happinez

Sant Antoni de Portmany
(San Antonio Abad)
ROUTE 3
Sa Conillera
Bosc
Cala de Bou
PM-803
C-731
E-30
Can Tomàs
Can Pujolet
Can Costa Redona
PMV-812-1
PMV-812-2
Sant Rafel
(San Rafael)
Bella Vista
Can Llau
Cas C
Cala Tarida
Sant Agustí
des Vedrà
START
ZIEL
Sant Josep de sa Talaia
(San José)
PMV-803-1
Ca'n Cirer
EIVISSA
(IBIZA)
E-20
Sa Carroca
Cala Vedella
ROUTE 4
Sant Jordi
de des Salines
Platja
d'en
Bossa
Cala
Carbó
Cala
d'Hort
Es Cubells
PM-802
Aeroport d'Eivissa
(Aeropuerto de Ibiza)
Sant Francesc
de s'Estany
Platja de
Ses Boques
Cala Jondal
Ses Salines
Es Vedranell
Estany
des Cavallet
Mittelmeer
Es Penja
LEGENDE
>> SEHENSWÜRDIGKEITEN
>> ESSEN & TRINKEN
>> SHOPPEN
>> FREIZEITTIPPS
0
2500 m

BESCHREIBUNG ROUTE 4 (ca. 80 km)

Diese Route beginnst du zu Fuß im Zentrum von Sant Josep mit einem Besuch in einem Lädchen 1 und einer Tasse Kaffee 2. Danach gehst du Richtung Tapas-Restaurant Destino, wo du dich rechts hältst und nach oben läufst. Der Weg führt dich zum Startpunkt des Wanderwegs über den höchsten Berg, den Sa Talaia 3. Nach dem Aufstieg nimmst du denselben Weg wieder nach unten. Kauf dir ein Boho-Outfit 4, steig ins Auto und fahr auf der Carretera Ibiza a San Antonio und der Avenida Cala Tarida zur Bucht von Cala Tarida 5 6. Nach einer Pause fährst du von Tarida rechts und dann entlang der Küste zur charmanten Bucht Cala Vadella 7 8 9 10. Fahr an der anderen Seite der Bucht wieder hinauf und nimm die zweite Ausfahrt Richtung Cala d'Hort 11 12. Danach wieder hinauf und nimm rechts eine unbefestigte Straße, die zweite auf der Strecke. An einem lila Schild stellst du das Auto ab. Geh geradeaus zum Aussichtspunkt und dann links nach oben 13. Traust du dir eine taffere Tour zu? Geh zum Auto zurück und bieg dann (zu Fuß) rechts ab. Hier führt dich ein Zickzack-Pfad nach unten, durch den Dünensand, zu den kubischen Felsformationen von Atlantis 14. Vor allem der Rückweg ist eine Herausforderung! Steig wieder in den Wagen, bieg rechts in die unbefestigte Straße ein und folge den Schildern Richtung Es Cubells. An der großen Gabelung rechts. Rechts der Kirche kannst du lokale Spezialitäten genießen 15. Lieber ein Mittagessen am Strand? Fahr an der Kirche vorbei bergab 16. Über dieselbe Straße wieder bergauf und dann der kurvenreichen asphaltierten Straße Richtung Ibiza-Stadt folgen. Für einen herrlichen Ausritt zu Pferd biegst du rechts in die Carrer de Porroig ab 17. Wieder zurück auf der Hauptstraße kannst du einen Stopp für ein stilvolles Dinner einlegen 18 oder weiterfahren und rechts am Schild Cala Jondal abbiegen. Auf der linken Seite liegt das Cova Santa, wo du einen schönen Abend verbringen kannst 19. Folge der Straße fast bis zum Meer und bieg links auf den Parkplatz ein 20. Fahr zurück zur rechtwinkligen Bucht und bieg rechts ab. Bieg bei Sa Caleta für einen Sprung ins Meer ab 21. Genieß dein Dinner bei Jul's 22 oder fahr nach Ses Salines zu den Salzseen 23. Folge der Straße nach Ses Salines, um auf einer Strandliege bei Musik zu relaxen 24. Jetzt Richtung Sant Jordi, wo auf der Ecke einer Ausfahrt ein Hamburgerrestaurant 25 auf dich wartet. Folge der Straße Richtung Sant Josep. Nimm im Kreisverkehr die zweite Ausfahrt. An dieser Hauptstraße liegen links das Cas Costas 26, der Souvenirladen Sal de Ibiza 27 auf der rechten Seite und Happinez 28 für Wohnaccessoires. Die Route endet, wenn du Sant Josep wieder erreicht hast.

SEHENSWÜRDIGKEITEN

⑬ Vom Aussichtspunkt auf Es Vedra musst du noch eine kleine Klettertour über die Felsen bewältigen, um zum Aussichtsturm **Torre des Savinar** zu gelangen. Früher dienten Türme dieser Art dazu, Piraten zu entdecken, denn Ibiza – und die Nachbarinsel Formentera – waren regelmäßig Ziel von Beutezügen. Oben am Turm wurde dann ein Feuer entfacht, um die Inselbewohner zu warnen. Deshalb wird dieser Turm auch Torre de Pirata genannt. Heute kannst du ihn für 1 Euro betreten, um im Inneren einfache Kunstwerke zu betrachten, vor allem aber, um den fantastischen Ausblick zu genießen. Auf der Insel befinden sich insgesamt noch sieben dieser Ausblick- oder Wehrtürme, der Torre des Savinar ist jedoch einer der schönsten.

Torre des Savinar, Aparcament es Vedra, Sant Josep de sa Talaia, Eintritt 1 €

⑭ Das sagenumwobene, versunkene **Atlantis** liegt nicht weit von Es Vedra entfernt. Nach einer ziemlich leichten Wanderung bergab kommst du zu schönen, eckig ausgewaschenen Felsen, in denen teils Wasser steht. Vielleicht erkennst du in ihnen nicht sofort die geheimnisvolle Stadt, es ist aber auf jeden Fall ein schönes Wanderziel. Unterschätz aber den Rückweg nicht. Im weichen Dünensand dauert es mindestens doppelt so lange, wieder nach oben zu gelangen. Also lieber nicht in der Mittagshitze versuchen!

Atlantis, Aparcement es Vedra, Sant Josep de sa Talaia

㉓ In der Nähe des Flughafens Ibiza liegen einige Salzseen, **Ses Salines**. Das hier aus dem Meer gewonnene Salz ist schon seit Jahrhunderten ein wichtiges Exportprodukt der Insel. Die Salzgewinnung erfolgt bereits seit 540 vor Christus und wurde damals von den Karthagern, einem einflussreichen Volk aus Nordafrika, nach Ibiza gebracht. Auf der Insel wird es jetzt als Sal de Ibiza verkauft, ein beliebtes Mitbringsel. Wenn du an den Salzseen entlangwanderst, in der Nähe der Platja Es Cavallet, kannst du sogar Flamingos beobachten. Bei Sonnenuntergang ein fantastischer Ort: Der orange-rot gefärbte Himmel spiegelt sich dann wunderschön in den Seen. In diesem Naturschutzgebiet befindet sich auch der 1749 erbaute **Torre de Ses Portes**, einer der sieben noch erhaltenen Wehrtürme der Insel.

Platja es Cavallet, Sant Josep de sa Talaia

Amazing views!

10

6

10

ESSEN & TRINKEN

② Das **Racó Verd** ist ein entspanntes, typisch spanisches Restaurant. Hier kannst du im Innenhof einfache, schmackhafte Frühstücksbrötchen, Mittag- und Abendessen genießen. Im Sommer wird oft Livemusik am Abend geboten. Eine schöne Location, um zu essen und danach noch ein paar Drinks zu nehmen. Auch mit Kindern geeignet!

Carrer de Pere Escanellas 49, Sant Josep de sa Talaia, www.racoverdibiza.es, Tel. +34 971800267, Mo–Sa 9.30–0.00 Uhr, Preis Tapas 8,50 €

⑥ Dieser hoch gelegene weiße Strandclub bietet eine atemberaubende Aussicht über die Bucht von Tarida. Weil alles weiß ist, wie der Name **Cotton Beach Club** schon vermuten lässt, ist der Kontrast zum azurblauen Meer nur umso größer. Auch bei Sonnenuntergang ist es hier herrlich. Eine echte Empfehlung für Cocktails, einen leckeren Hamburger oder Sushi.

Carrer Posta de Sol 21, Cala Tarida, Sant Josep de sa Talaia, www.cottonbeachclub.com, Tel. +34 971806180, tgl. 13.00–0.30 Uhr, Preis 25 €

⑧ Beim Strandtag oder danach ist nichts besser als eine frische Pizza oder hausgemachte Pasta. Bei **Bon Sol** gibt es beides. Sogar die Tomatensauce schmeckt so wie in Italien. Hier wird italienisches Essen mit viel Liebe zubereitet und ist zudem bezahlbar. Lass dir deine Pizza am Strand oder auf der gemütlichen Terrasse schmecken. Auch ideal, um mit Kindern essen zu gehen.

Carrer Castelldefels 14, Sant Josep de sa Talaia, Tel. +34 971808213, Mo–Di & Do–So 12.00–1.00 Uhr, Preis 10 €

⑩ Im charmanten weißen Restaurant **Cana Sofia** werden dir herrliche Paella, Tapasgerichte und *bocadillos* (Brötchen) serviert. Ideal zu Mittag oder für das Dinner am Strand. Die Bedienung ist freundlich, die Preise fair. Eine schöne Location, um ein bisschen schicker als beim Nachbarn, dem Bon Sol, zu essen, allerdings ist die Pizza hier auch nicht ganz so gut. Die Cocktails dagegen sind ein absolutes Muss! Wissenswert: Es gibt eine Luxuskarte und eine preiswertere. Frag für die günstigsten Preise nach der Mittagskarte.

Carrer Castelldefels 10, Cala Vadella, Sant Josep de sa Talaia, www.canasofia.com, Tel. +34 971808273, Mo–Di & Do–So 08.30–23.00 Uhr, Preis 15 €

(12) Von der höher gelegenen Terrasse dieses Holzrestaurants hat du einen wunderschönen Blick über die Bucht von Cala d'Hort und auf Es Vedra. Das **El Carmen** ist wegen der großen Pfannen herrlicher, hausgemachter Paella beliebt, die du hier bestellen kannst. Spanische und internationale Familien und Paare kommen gern zu Besuch, um die großzügigen Portionen zu genießen.

Cala d'Hort, Sant Josep de sa Talaia, www.elcarmencaladhort.com, Tel. +34 971187449, tgl. Mai & Okt 13.00–21.30, Juni–Sep 11.00–21.30 Uhr, Preis 25 €

(15) In der Nähe der Kirche des hübschen kleinen Dörfchens Es Cubells liegt das Restaurant **Bar Grill Lumbi.** Wie der Name vermuten lässt, stehen frisch gegrilltes Fleisch und Fisch auf der Speisekarte. Die Portionen sind üppig, von guter Qualität und die Preise niedrig. Die Aussicht auf das Meer ist aus dieser Höhe besonders schön. Das Restaurant mutet vom Styling her etwas altmodisch an, das Essen ist jedoch sehr schmackhaft.

Carrer es Cubells 2, Es Cubells, Tel. +34 971802128, Mo 11.30–21.30, Mi–So 11.30–22.30 Uhr, Preis 15 €

(16) Nach der Fahrt über die Serpentinen am Meer und einem ziemlich steilen Weg bergab gelangst du zu einem Restaurant aus Holz. **Ses Boques** ist eine verborgene Perle, in der herrliche Calamari und Fisch in Salzkruste serviert werden. Natürlich gibt es hier auch Paella. Dieses Familienlokal ist seit Jahren bei den Einheimischen beliebt. Trotz der gut versteckten Lage nimmt jeder den Weg immer wieder gern auf sich – und das sagt eigentlich schon alles.

Platja de ses Boques, Sant Josep de sa Talaia, www.satrinxa.com, Tel. +34 606081570, tgl. Juni–Sep 13.00–22.00, Mai & Okt 13.00–21.30 Uhr, Preis 25 €

(18) Erst vor einigen Jahren eröffnet, ist das **Can Bass** bei Urlaubern und Locals bereits sehr beliebt. Der Innenhof ist wunderschön mit Vintage-Materialien wie alten Türen und Fensterläden dekoriert. Durch intime Ecken fühlst du dich nicht wie in einem Massenrestaurant, obwohl sehr viele Tische zur Verfügung stehen. Das Essen ist bezahlbar und sehr lecker. Ob Fleisch, Fisch oder frisch zubereitetes Sushi: Hier kommt jeder gerne wieder. Nur Vorsicht bei den Nachspeisen – davon kann man gut zwei oder drei verspeisen!

Carretera Ibiza bei km 7,5, Sant Josep de sa Talaia, www.canbass.com, Tel. +34 971801103, tgl. 19.30–0.00 Uhr, Preis 18 €

RESTAURANTE
PLAYA PUBLICA
RECEPCION
WC
WC

12

25

10

⑳ Am breiten Kieselstrand Cala Jondal liegt der Beachclub **Yemanja,** bei weitem der bezahlbarste und lokalste Beachclub seiner Art. Dieses Restaurant wird vom Blue Marlin geführt, dem berühmten Beachclub in der Nachbarschaft, die Locals verkehren jedoch lieber hier. Die Atmosphäre ist zwanglos und du kannst auf Liegen leckere Fleisch-, Fisch- und vegetarische Gerichte genießen.
Carrer des Jondal 3, Cala Jondal, Sant Josep de sa Talaia, www.yemanjaibiza.com, Tel. +34 971187481, tgl. 10.00–0.00 Uhr, Preis 28 €

㉒ Dieses griechische Restaurant hat Einzigartiges zu bieten. Die luxuriöse Atmosphäre, der schöne Innenhof, die Livemusik und das besonders schmackhafte Essen mit griechischem Touch sorgen dafür, dass Essen hier zum echten Abendevent wird. Die Speisen bei **Jul's** sind nicht billig, aber ausgezeichnet, mit Zutaten meist von lokalen Bioproduzenten. Du kannst in der überdachten Außengastronomie oder an der Cocktailbar Platz nehmen oder im Laden shoppen. Du solltest allerdings rechtzeitig reservieren, weil es hier immer voll ist.
Edificio Can Toni Mariano 145, Sant Josep de sa Talaia, julsibiza.com, Tel. +34 871035330, tgl. 19.30–2.00 Uhr, Preis 38 €

㉕ Im coolen Restaurant **Vinyl Burger,** dessen Speisekarte tatsächlich auf einer alten Schallplatte gedruckt ist, findest du nur riesige Burger auf der Karte. Von Fleisch und Hühnchen bis vegetarisch – wenn du mit diesen Burgern fertig bist, rollst du nach Hause! Ein angenehmer Ort, um mit Freunden oder der Familie Essen zu gehen. Vor allem hinten im Innenbereich des Restaurants sitzt man wegen der Vintage-Objekte wunderschön.
Carretera de l'Aeroport 31, Sant Jordi de ses Salines, www.vinylburgeribiza.com, Tel. +34 971395935, tgl. 12.00–0.00 Uhr, Preis 14 €

㉖ Das **Cas Costas** ist mediterranes Grillrestaurant, Kaffeebar und Biomarkt in einem. Neben dem Restaurant bewirtschaften die Besitzer auch ein großes Stück Land, auf dem das Gemüse für ihre Gerichte angebaut wird. Im kleinen Markt direkt nebenan kannst du viele lokale Produkte und spanische Schinkensorten kaufen.
Carretera Sant Josep km 3, Sant Jordi de ses Salines, www.cascostasibiza.com, Tel. +34 971308755, tgl. 13.00–1.00 Uhr, Preis 26 €

SHOPPEN

① In der süßen Boutique **Cactus** findest du neben originellen Geschenken etwas andere Kleidung und Schmuck, als es in den Inselläden Standard ist. Die Kleidung mit ihren besonderen Prints und Farben mutet zum Teil eher indonesisch an. Außerdem kannst du hier schöne große Strandlaken erwerben. Wirf vor deinem Shoppingtrip gern einen Blick auf den Insta-Account und lass dich inspirieren.

Carrer can Pou 4, Sant Josep de sa Talaia, insta @cactusibiza, Mo–Sa 10.00–19.00 Uhr

④ Charmant türkisfarben, so präsentiert sich der Laden **Aurobelle**, in dem du nicht nur Boho-Kleider, Taschen und Sandalen erhältst. Hier gibt es nämlich alles für den berühmten, geliebten Ibiza-Look. Außer der Damenkollektion führen sie auch schöne Mädchenkleidung. Tipp: Gönn dir nach dem Shoppen beim Bäcker schräg gegenüber einen Kaffee!

Carrer Can Bernat Toni 5, Sant Josep de sa Talaia, www.aurobelle.com, Mai–Juni Mo–So 10.00–15.00, Juli–Aug Mo–Sa 10.00–15.00 & 17.00–21.00, So 11.00–14.30 Uhr

⑨ Flatternde Strandtuniken in hübschen Pastellfarben oder schicke Badebekleidung: In der **Boutique Alquimia** findest du alles Schöne für deine Urlaubstage. Von Flechttaschen für den Strand bis zu sommerlicher, luftiger Kleidung für Jung und Alt, vor allem aber für Mädchen und Frauen. Alles komplett im Ibiza-Style!

Carrer Castelldefels 14, Sant Josep de sa Talaia, alquimiaibiza.com, tgl. 11.00–20.00 Uhr

㉗ Möchtest du gern lokale Produkte wie Olivenöl, Wein, Schokolade oder Salz von der Insel kaufen? Bei **Sal de Ibiza** gibt es eine Sammlung dieser lokalen Waren. Das Geschäft ist an der minzgrünen Farbe mit der goldenen Sonne zu erkennen, so wie die Verpackung des Salzes, das auf Ibiza gewonnen wird. Außer Lebensmitteln sind auch Kleidung und schöne Mitbringsel im Angebot, oft mit dem Schriftzug „Ibiza". Auf der Insel gibt es zwei weitere Filialen des Ladens: eine in Ibiza-Stadt (Carrer de Carles III) und eine in Santa Eulària (Carretera Santa Eulària km 3,4).

Carretera Sant Josep km 6,5, Sant Josep de sa Talaia, www.saldeibiza.com, tgl. 10.00–21.00 Uhr

1

27

9
quimia

5

(28) Die Besitzer dieses schönen Einrichtungsgeschäfts verkaufen auch Bekleidung. Das Sortiment von **Happinez** ist reich an natürlichen Farben und Mustern und oft aus nachhaltigen Materialien gefertigt. Eine gute Adresse, um Mitbringsel zu kaufen oder das Ibiza-Feeling mit nach Hause zu nehmen.
Carretera Sant Josep km 10, Sant Josep de sa Talaia, www.happinezibiza.com, Mo–Fr 10.00–20.00, Sa 10.00–14.00 Uhr

FREIZEITTIPPS

(3) Der **Sa Talaia** ist der höchste Berg auf Ibiza. Den offiziellen Startpunkt für den Aufstieg erreichst du, wenn du vom Restaurant Destino bergauf gehst und dem Schlängelweg hinter den Häusern folgst. Hier siehst du eine Holztafel, eine Treppe führt bergauf. Der Aufstieg dauert ungefähr 45 Minuten – der Ausblick von oben ist fantastisch. Meide im Sommer lieber die Mittagshitze und starte am frühen Morgen.
Carrer de sa Talaia, Sant Josep de sa Talaia

(5) Dieser traumhafte Strand ist wegen des klaren Wassers und herrlich weichen Sands bei Familien sehr beliebt. Bei Wind hast du an der **Cala Tarida** sogar die Chance auf Wellen. In der Bucht liegen einige Felsen, auf die du klettern kannst. Und einige springen sogar hinunter. Hinter dem Strand gibt es mehrere Beachclubs und Restaurants. Du kannst Boote und Tretboote mieten, Schwimmen und Schnorcheln sind hier jedoch die schönsten Beschäftigungen.
Cala Tarida, Sant Josep de sa Talaia, Preis Tretbootverleih 30 € pro Stunde

(7) Diese recht schmale Bucht liegt zwischen zwei höheren Felsen und ist immer voller Boote. Die **Cala Vadella** hat einen schönen Strand und das Ufer fällt seicht ab, also ideal für Kinder. Wellen sind selten und das Wasser ist schön ruhig. Lust auf eine Spritztour? Dann miete dir bei **Paddle Surf Ibiza** für ein Stündchen ein Stand-up-Paddle-Board. Manchmal kannst du sogar eine Yogastunde auf dem SUP-Board absolvieren! Mehr dazu erfährst du auf der Website. Hier ist wegen der hübschen Läden und Restaurants hinter der Bucht immer viel los.
Cala Vadella, Sant Josep de sa Talaia, www.paddlesurfibiza.es, Mietpreis SUP-Board 25 €

(11) Der Blick auf die Felsformation **Es Vedra** ist sensationell und verleiht der Bucht **Cala d'Hort** etwas Magisches. Es Vedra gilt wegen des starken Magnetfelds, das an den Felsen gemessen wird, seit Jahrhunderten als besonderer Ort. Der Sage nach lebten die Sirenen aus der Odyssee des griechischen Dichters Homer auf diesen Felsen ... Der schöne Familienstrand hat etwas gröberen Sand und Steinchen. Wenn du aber an der rechten Seite der Bucht deinen Platz suchst, hast du damit weniger Probleme.
Cala d'Hort, Sant Josep de sa Talaia

(17) Verborgen auf dem Weg zum Strand Es Torrent liegt dieser spanische Reitstall. Im **Club Hipico Horses** können Kinder und Erwachsene reiten. Kinder werden in der Reithalle auf dem Gelände unterrichtet. Du kannst auch mit Begleitung durch die herrlichen Wälder direkt am Stall ausreiten. Eine einzigartige Erfahrung und eine tolle Art, mehr vom Hinterland zu entdecken. Im Hochsommer ist Reiten nur früh am Morgen oder abends möglich.
Carrer de Porroig 1, Sant Josep de sa Talaia, www.ibizahorses.es, Mo–Sa 9.00–13.00 & 16.00–19.00 Uhr (in den Sommermonaten häufig länger geöffnet), Preis Gruppenstunde ab 25 €, Privatstunde 50 € pro Stunde

(19) Liebst du Festivals? Dann sind die WooMooN-Partys im **Cova Santa** genau dein Ding! Das Cova Santa ist ein Lounge-Restaurant mit kleinem Hippiemarkt, Livemusik und DJs. Auf dem Gelände sind während der Events mehrere Imbisse aufgebaut. Das Publikum ist ein bisschen alternativer und du kannst unter freiem Himmel tanzen. Informier dich auf der Website über den Veranstaltungskalender.
Carretera San José km 7, www.covasanta.com, Mai–Okt Do–So 20.30–1.30 Uhr, Eintritt 35 €

(21) **Es Bol Nou** ist der einzige Strand mit roten Felsen und rötlichem Sand. Die Bucht ist klein, lange seicht und hat sehr klares Wasser. Links befindet sich eine kleine Öffnung in den Felsen, von der du einen herrlichen Blick über die Bucht hast. Hier kannst du wunderbar schnorcheln, relaxen oder im Restaurant hinter der Bucht eine leckere Paella verspeisen.
Es Bol Nou

7

11

5

If you've got the time

(24) Am Ende der Bucht **Ses Salines** liegt der *Laidback*-Beachclub **Sa Trinxa.** Erwarte hier nicht viel Luxus, sondern einfach das ultimative Ibiza-Feeling. Von Freitag bis Sonntag und in den Sommermonaten auch unter der Woche wird die Musik immer lauter und das Personal scheint beim Servieren der Cocktails fast zu tanzen. Vor allem ab Mittag bis kurz nach Sonnenuntergang verbringst du hier auf deinem Strandlaken oder der Liege einen herrlichen Tag.

Platja de Ses Salines, Sant Josep de sa Talaia, www.satrinxa.com,
tgl. 10.00–22.00 Uhr, Preis Cocktail 12 €

ROUTE 5

FORMENTERA

INFOS ZUR ROUTE

Die Nachbarinsel Formentera mit nur 12 000 Einwohnern ist die kleinste Insel der Balearen. Sie ist nur per Schiff erreichbar – ca. 30 Minuten Fahrtzeit – und besitzt keinen Flughafen. Die meisten Touristen unternehmen eine Tagestour hierher, wohnen aber auf Ibiza. Auf dieser Tour erkundest du die Insel mit dem Fahrrad oder Motorroller, mit denen du bequem die vielen schöne Dünenwege befahren kannst.

DIE ORTE

Formentera wird oft auch als das alte Ibiza bezeichnet, weil man hier erahnen kann, wie Ibiza vor einhundert Jahren aussah. Die Landschaft und die Fincas auf dieser Route sind idyllisch, malerisch und wunderschön anzusehen.

Der **Hafen La Savina** zählt zum modernen Teil der Insel. Hier gibt es Restaurants, Boots- und Fahrradverleiher. An diesem Ort legt auch die Fähre an. Hier mietest du dein Rad oder deinen Roller, um den Rest der Insel zu erkunden.

Die **Cala Saona** ist eine der weniger bekannten Buchten Formenteras an der Westküste. Sie liegt ungefähr 25 Fahrradminuten vom Hafen entfernt. Die Bucht hat einen weitläufigen Strand mit Dünengras und wird von roten Felsen begrenzt.

Rund um den zentral gelegenen Hauptort **Sant Francesc Xavier** wohnt beinah die Hälfte der ständigen Inselbewohner. Die weißen oder bunten Gebäude mit Bougainvilleen an den Wänden bieten schöne Fotomotive. Der Platz an der Kirche ist der gesellige Bereich, hier sitzen die Locals gern in der Außengastronomie.

An der Südküste liegt die fünf Kilometer lange Küstenlinie der **Platja de Migjon**, die gegen Ende hin am schönsten ist. Weil der Strand so breit ist, scheint es auch weniger voll zu sein. Sogar in den Sommermonaten ist es hier angenehm.

Im Osten siehst du einen weißen Leuchtturm an einer Stelle, die eine 180-Grad-Aussicht auf das Meer bietet. In **El Pilar de la Mola** kannst du einige Restaurants und Läden besuchen, mittwochs und sonntagnachmittags findet hier der örtliche Hippiemarkt statt.

Die Salzseen der **Salines d'en Marroig** färben sich abhängig vom Lichteinfall rosa. Die Seen ziehen seltene Vögel an und sind daher geschützt. Die **Platja de Ses Illetes** ist der beliebteste Strand der Insel.

WENIG ZEIT? DAS SIND DIE HIGHLIGHTS:
PLATJA DE SES ILLETES + BESO BEACH + SANT FRANSESC XAVIER + CA NA PEPA + SALINES D'EN MARROIG

TIPPS

// Starte die Radtour wegen der Hitze am frühen Morgen // Nimm genug Wasser für unterwegs mit // Miete ein Mountainbike, die Wege sind unbefestigt

FORMENTERA

1. Hafen La Savina
2. Moto Rent Pujols
3. Mercadillo la Savina
4. Cala Saona
5. Chiringuito Saona
6. Enjoy Watersports
7. Restaurante Sol Cala Saona
8. Amancio
9. Església de Sant Francesc Xavier
10. Ca Na Pepa
11. Costa Formentera
12. Museu d'Etnografia de Formentera
13. Panaderia Manolo
14. Sant Francesc Xavier
15. Full Moon
16. TUyYO Formentera
17. Platja de Migjorn
18. Flipper Chiringuito
19. Piratabus
20. La Mola Hippiemarket
21. Mola Mía Pizza
22. Molino viejo de la Mola
23. La Mola
24. Es Caló de Sant Agustí
25. La Kasa dei Kolori
26. Salines d'en Marroig
27. El Tiburon
28. Beso Beach
29. Platja de Ses Illetes
30. Geckolateria Formentera

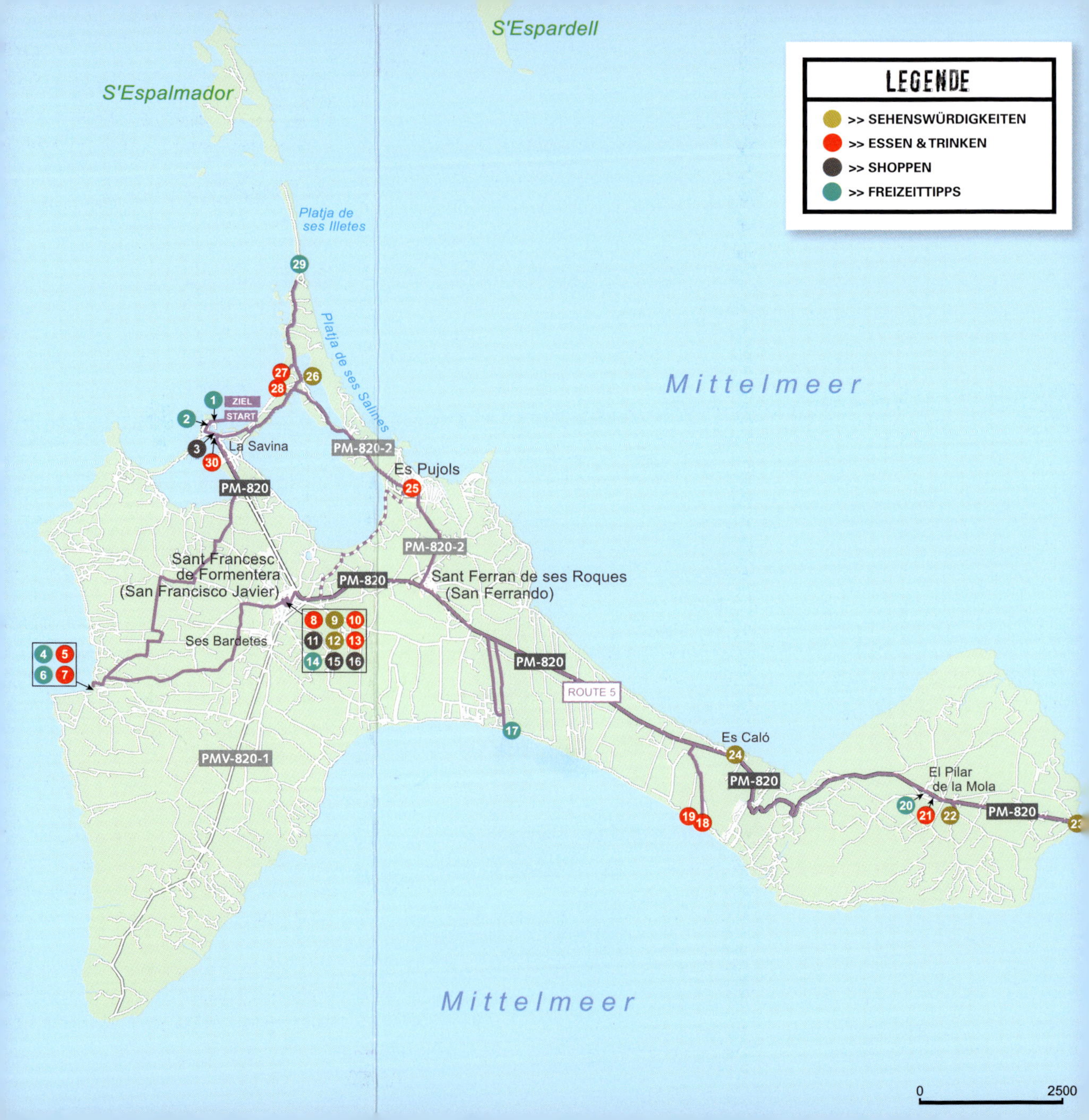
LEGENDE
>> SEHENSWÜRDIGKEITEN
>> ESSEN & TRINKEN
>> SHOPPEN
>> FREIZEITTIPPS
S'Espardell
S'Espalmador
Platja de ses Illetes
Platja de ses Salines
Mittelmeer
ZIEL
START
La Savina
PM-820-2
Es Pujols
PM-820
Sant Francesc de Formentera (San Francisco Javier)
Sant Ferran de ses Roques (San Ferrando)
Ses Bardetes
ROUTE 5
PMV-820-1
Es Caló
El Pilar de la Mola
Mittelmeer
0
2500

BESCHREIBUNG ROUTE 5 (ca. 62 km)

Bei Ankunft am Hafen von Formentera 1 gehst du zu den Häusern, um ein Rad oder einen Roller zu mieten 2. Kauf an den Ständen noch ein schönes Strandkleid 3 und fahr über den Asphaltweg aus dem Ort. Am Hinweis Cala Saona biegst du rechts ab. Die Schilder leiten durch das Hinterland zur wunderschönen Bucht Cala Saona 4, hier kannst du lecker essen 5 7 oder eine Wasserscooter-Tour 6 buchen. Danach fährst du einen Teil der Strecke wieder zurück, hältst dich beim Schild Sant Francesc Xavier aber rechts. Der unbefestigte Weg geht in einen asphaltierten über, der dich über die Rückseite ins Dorf führt. Hier stößt du rechts auf ein Restaurant 8 und gelangst dann auf einen großen Platz mit einer Kirche 9, wo du ebenfalls zu Mittag essen kannst 10. Lust auf Shoppen? Geh links um die Kirche herum und bieg rechts ab 11 oder besuch das Museum 12. Appetit auf etwas Süßes für unterwegs? Dann besuch den Bäcker 13 am hübschen kleinen Platz Sant Francesc 14. In den Läden hier kannst du shoppen 15 16. Fahr jetzt aus dem Dorf und bieg beim Kreisverkehr auf die PM-820 ab. Am zweiten Kreisverkehr biegst du mit dem Fahrrad links ab, vorbei am Krankenhaus. Mit dem Roller fährst du geradeaus weiter. Fahr auf dieser Straße einige Kilometer weiter, bis rechts Platja de Migjorn 17 angegeben ist, ideal für einen Sprung ins Wasser. Kehr auf den Asphaltweg zurück und bieg nach rechts ab. Für ein Mittagessen an einem herrlichen Strand fährst du bei Platja Es Arenals rechts. Mittagessen zwischen den Piraten 19 oder ein bisschen luxuriöser bei Flipper 18. Von hier fährst du dieselbe Strecke wieder zurück und biegst rechts in die Hügel ab. Jetzt fährst du bis ins Dorf La Mola, wo es mittwochs und sonntags einen tollen Hippiemarkt 20 gibt, oder du gönnst dir eine Pizza 21. Nimm den Roller und bieg an der zweiten Gelegenheit rechts ab, um ein bisschen Kultur zu genießen. Direkt außerhalb des Dorfs liegt die alte Kornmühle 22. Wenn du zur Hauptstraße zurückkehrst und zum Ende weiterfährst, erreichst du den Leuchtturm mit 180-Grad-Blick 23. Fahr hügelabwärts wieder zurück. Nach dem Hügel kannst du die zweite Ausfahrt nehmen und ein uriges Fischerdorf 24 besuchen. Folge dem Weg zurück, bis im Dorf Sant Ferran de ses Roque der Ort Es Pujols ausgeschildert ist. Im Dorf Es Pujols kannst du noch eine farbenfrohe Esspause 25 einlegen und danach den Blick auf die Salzseen genießen 26. Fahr danach zum herrlichen Strand Platja de Ses Illetes 29 weiter oder iss in dieser Bucht zu Mittag 27 28. Mit dem Meer zu deiner Rechten fährst du über den Dünenweg zurück zum Hafen. Hier kannst du den Tag mit einem Eis 30 ausklingen lassen, bevor die Fähre wieder ablegt.

SEHENSWÜRDIGKEITEN

(9) Die wunderschöne weiße Kirche **Església de Sant Francesc Xavier** liegt von Palmen umgeben in der Ortsmitte. Die Vorderseite des kleinen Baus ist weiß, an der Seite jedoch kann man die alten Steine noch gut erkennen. Die Kirche wurde 1726 erbaut und liegt an einem schönen Platz mit vielen hübschen Cafés und Restaurants.

Sant Francesc Xavier, meist 9.00–14.00 Uhr, Eintritt gratis

(12) Dieses kleine Museum zeigt dir, wie die Lokalbevölkerung vor einigen Hundert Jahren gelebt hat und gekleidet war. Es gibt verschiedene Ausstellungsräume mit Werkzeugen für Ackerbau und Brotherstellung. Und du erfährst, wie die Bewohner ihre Schuhe fertigten. Das **Museu d'Etnografia de Formentera** ist keine Sensation, aber einen Besuch ist es wert.

Carrer de Jaume I, Sant Francesc Xavier, Mo–Fr 9.00–14.00 & 17.00–19.00 Uhr, Eintritt gratis

(22) Auf Formentera gibt es eine Reihe kleiner Mühlen aus Stein. Die **Molino viejo de la Mola** ist die einzige, die du wirklich besichtigen kannst. Diese Mühlen wurden für das Mahlen von Korn verwendet. Die Inselmühlen sind so klein, weil die Bewohner sie früher gern in der Nähe ihrer Häuser hatten. Mittlerweile sind sie eher schmückendes Beiwerk bei Festen und dienen nicht mehr zur Getreideherstellung.

Carrer ca'n Ferrer, El Pilar de la Mola, Mo–Sa 10.00–14.00 Uhr, Eintritt gratis

(23) Auf der östlichen Halbinsel Formenteras, im Dorf El Pilar de la Mola, steht der charakteristische Leuchtturm **La Mola**. Er ist mit 120 Metern der höchste Punkt der Insel und bietet eine fantastische Aussicht auf das Meer. Der Aufstieg über die vielen Stufen ist etwas anstrengend, aber lohnenswert. Vom Leuchtturm hast du einen herrlichen 180-Grad-Blick. Aber auch wenn du den Leuchtturm nicht betrittst, lohnt sich die Aussicht auf jeden Fall.

El Pilar de la Mola, Di–So 10.00–14.00 & So 17.00–21.00 Uhr, Eintritt 4,50 €

9

(24) Das kleine Fischerdorf **Es Caló de Sant Agusti** versetzt dich zurück in den Alltag auf Formentera vor hundert Jahren. Im Dorf liegen die Fischrestaurants, die vielen Fischerhütten und das türkise Wasser nah beieinander. Die traditionellen Boote werden hier nach dem Fischfang aus dem Meer gezogen, um sie vor dem Salzwasser zu schützen. Immer wieder beeindruckend und seit 2002 als kulturelles Erbe der Insel geschützt.

Plaça des Delme, Es Caló

(26) Wenn du in Richtung Hafen radelst, kommst du an den großen, imposanten Salzseen **Salines d'en Marroig** vorbei. Wegen der Vögel, die sich hier niederlassen, ist es ein Naturschutzgebiet. Wenn du sie umrundest, triffst du auf ein Schild mit allen vorkommenden Vogelarten. Im Gegensatz zu den Ses Salines auf Ibiza wird das Salz aus diesen Seen nicht mehr gewonnen. Eine Radtour auf den unbefestigten Wegen ist aber auf jeden Fall ein schönes Erlebnis.

Salines d'en Marroig

ESSEN & TRINKEN

(5) Je rustikaler die *chiringuitos* sind, desto besser ... Der Holzbau der **Chiringuito Saona** liegt an einem ruhigen Fleckchen links auf den Felsen der Cala Saona und bietet eine phänomenale Aussicht auf das Meer. Blauer kann das Wasser in diesem Urlaub nicht mehr werden! Erwarte keine Luxusgerichte, hier bist du für ein einfaches Brötchen mit Getränk an der richtigen Adresse.

Cala Saona, Sant Francesc Xavier, tgl. 11.00–20.00 Uhr, Preis Brötchen 6 €

(7) Etwas weiter hinten in der Bucht liegt auf der rechten Seite das Restaurant **Sol Cala Saona**. Eine wunderbare Location, um im Schatten üppig zu speisen. Die Spezialität sind Fisch- und Reisgerichte wie Paella und Meeresfrüchte. Die Köche verarbeiten vor allem nachhaltige, lokale Produkte und das Preis-Qualitätsverhältnis ist ausgezeichnet.

Cala Saona, Sant Francesc Xavier, restaurantsol.com, Tel. +34 680665731,
tgl. 11.00–20.00 Uhr, Preis 20 €

⑧ Das **Amancio** liegt etwas versteckt, ist aber einen Besuch wert. Auf Korbstühlen verzehrst du Gerichte aus Großmutters Küche, zubereitet aus biologischen, lokalen Zutaten. Von Hamburgern und Salat bis zu Fischgerichten, vor allem aber coulant de chocolate (Schokokuchen mit flüssigem „Kern") – einfach unwiderstehlich! In den Sommermonaten gibt es Mittag- und Abendessen, im Winter nur Dinner.

Carrer de sa Ferreria 1, Sant Francesc Xavier, amancioformentera.com, Tel. +34 648889070, Mo–Sa 13.00–17.00 & 20.00–0.00 Uhr, Preis 18 €

⑩ An einem herrlich idyllischen Platz in Sant Francesc Xavier liegt das kleine **Ca Na Pepa.** Hier werden herrliche mediterrane, vor allem italienische Gerichte auf der überdachten Terrasse serviert. Traditionelle Brötchen, leckere Pasta und saftig gegrilltes Fleisch: eine absolute Empfehlung bei einem Besuch auf Formentera!

Plaça de la Constitució 5, Sant Francesc Xavier, www.canapepa.com, Tel. +34 971321091, tgl. 8.30–16.00 & 20.30–0.30 Uhr, Preis 21 €

⑬ Die **Panaderia Manolo** ist eine schöne Bäckerei mit großer Auswahl an Brot und Gebäck. Probierst du gern lokale Produkte? Dann bestell ein *einsaimada*, ein weiches, schneckenförmiges Gebäck mit Puderzucker. Oder *orejas*, eine ohrförmige Leckerei mit Zucker und Anisaroma.

Carrer de Jaume I 11, Sant Francesc Xavier, Tel. +34 971322333, Mo–Sa 7.00–14.00 & 17.30–20.30, So 7.00–14.00 Uhr, Preis Gebäck 3 €

⑱ Im **Flipper Chiringuito** kannst du mittags und abends herrlich speisen. Du schaust von der Holzbalustrade über das Dünengras hinaus auf das türkise Meer. Dazu noch tolle Musik von einem DJ oder Live-Künstler und dein Urlaubsfeeling ist perfekt. Die Preise sind hier etwas höher als bei den Restaurants im Hinterland, das ist aber natürlich der einzigartigen Lage geschuldet. Die Paella und die Cocktails sind hier die Favoriten.

Platja de Migjorn, flipperchiringuito.com, Tel. +34 971187596, Mo–Mi & So 10.00–21.00, Do–Sa 10.00–0.00 Uhr, Preis 22 €

⑲ Stehst du auf Hippiesphären? Dann ist **Piratabus** für dich genau richtig, gegründet von zwei deutschen Freunden, die vor 40 Jahren auf die Insel kamen. Den Namen verdankt die Bar ihrem Vintage-Bus, der damals davor geparkt war,

28

28

28

10

10

28
B

10

bis er nicht mehr fahren konnte. Schließlich wurde er abgeholt, aber die Hippie-Vibes schweben hier immer noch. Mit nackten Füßen im Sand genießt du auf rustikalen Hockern Tapas, Drinks und Musik.

Platja de Migjorn km 11, Es Caló, insta @piratabusoficial, Tel. +34 637011998, tgl. 10.30–20.30 Uhr, Preis Tapas 6 €

(21) Im kleinen, aber wunderhübschen Dorf El Pilar de la Mola liegt das **Mola Mía Pizza.** Die weiße Fassade mit urigem Eisstand fällt sofort ins Auge. Ein feines, stilvolles Restaurant für leckere Pizza, Tapas, Drinks und Eis. Die Pizzas schmecken ausgezeichnet und man sitzt gemütlich. Auch praktisch: Du kannst die Pizza abholen und z. B. am Leuchtturm essen!

Avinguda de la Mola 57, El Pilar de la Mola, fb @molamiapizza, Tel. +34 611332847, Mo & Do 19.00–0.00, Di & Fr–Sa 12.00–16.00 & 19.00–0.00, Mi & So 12.00–0.00 Uhr, Preis 12 €

(25) Dieses farbenfrohe Café macht sofort gute Laune. Die Regenbogenlampe an der Wand, die farbigen Treppenstufen, die fantastisch aufgemachten Gerichte und die Drinks sind wirklich anders als in anderen Inselrestaurants. Die Speisekarte des **La Kasa dei Kolori** ist übervoll mit gesunden Gerichten, aber auch leckeren Tartes und Pancakes. Ein toller Ort, um den Tag beim Essen ausklingen zu lassen, bevor die Fähre wieder ablegt.

Carrer de s'Espalmador 42, Es Pujols, fb @lakasadeikoloriformentera, Tel. +34 602538100, Mo–Sa 11.00–20.00 Uhr, Preis 12 €

(27) Das **El Tiburon** gehört zu den bezahlbarsten Restaurants in dieser lang gestreckten Bucht. Das Essen ist gut und immer noch nicht billig, aber die Qualität stimmt. Auf der Karte stehen zahlreiche Fischgerichte, Salate, Hähnchencurry und Hamburger. Ein ziemlich international ausgerichtetes Restaurant. Die Bucht davor ist sehr seicht, wird aber tiefer, je weiter du mit dem Rad fährst.

Platja de Ses Illetes, tiburonformentera.com, Tel. +34 659638945, tgl. 13.00–22.00 Uhr, Preis 22 €

(28) Wenn du gern an einer Location zu etwas lauterem Beat speist, ist dieser Ort für dich perfekt. **Beso Beach** ist eine turbulente Adresse, an der auch gerne Jachten anlegen. Das Essen ist gut, aber auch nicht preiswert. Von Paella bis

solomio (zartes Steak) – du hast reiche Auswahl für ein leckeres Mittagessen. Auf Ibiza gibt es eine weitere Filiale dieses Restaurants, am Strand im Naturschutzgebiet Ses Salines.

Platja de Cavall d'en Borras, Parque Natural de Ses Salines, besobeach.com/formentera, Tel. +34 971349900, tgl. 13.00–21.00 Uhr, Preis 30 €

(30) Benannt nach dem Gecko – einer blaufarbenen Echse – ist diese Eisdiele am Boulevard der ideale Ort, um den Tag auf Formentera abzurunden. Die **Geckolateria Formentera** bietet eine große Auswahl hausgemachter Eissorten mit Aromen wie Oreo, Bounty, Tiramisu und KitKat. Aber auch die traditionelle Eiskugel mit Zitronen- und Erdbeergeschmack ist dabei. Lass dich vom Angebot des Tags überraschen! Ab hier kannst du dein Fahrrad, Auto oder den Motorroller wieder abgeben und mit dem Eis in Richtung Fähre spazieren.

Carrer de s'Almadrava 67, La Savina, fb@geckolateria, Tel. +34 641953796, tgl. 11.00–20.00 Uhr, Preis 2 Kugeln Eis 3,50 €

SHOPPEN

(3) In den Sommermonaten findet nachmittags auf dem Boulevard ein kleiner Markt mit schönen Ständen statt. Ideal, um bei Ankunft oder Rückkehr am Hafen herumzuschlendern. Auf dem **Mercadillo la Savina** werden unter anderem beschwingte Sommerkleider, Schmuck, Taschen und Bikinis angeboten. Eigentlich alles, um im Sommer blendend auszusehen!

Poligon de la Marina, La Savina, formenteramarket.com/mercadillo-la-savina-formentera, 1. Juni–15. Sep tgl. 11.00–0.00 Uhr

(11) **Costa Formentera** wird auch We Are Costa genannt. Die Besitzer dieses Geschäfts stehen nämlich wirklich hinter ihren Produkten. Alles, was sie anbieten, wird mit Naturfarben eingefärbt und mit Respekt vor der Natur produziert. Jeder Artikel hat eine individuelle Waschung und Vintage-Look. Eine schöne Philosophie und schöne Produkte.

Plaça de la Constitució 11, Sant Francesc Xavier, www.wearecosta.es, Mo–Sa 10.00–14.00 & 17.00–21.00 Uhr

15
FULL MOON

15

15

29

(15) **Full Moon** ist vermutlich eines der idyllischsten Lädchen des Dorfs. Die weiße Fassade mit blauer Tür und die imposante, hellrosa Bougainvillea fallen sofort ins Auge. Die Boutique, gegründet als Familienunternehmen, bietet viele typische Produkte, Mode und Accessoires von Formentera.
Carrer d'Eivissa 6, Sant Francesc Xavier, fb @fullmoonfor, Mo–Sa 10.00–14.00 & 17.00–23.00, So 10.00–14.00 Uhr

(16) **TUyYO Formentera** ist ein hübscher Laden voller Sandalen und Stiefel. Die römischen Ledersandalen sind übrigens meine Favoriten. Außerdem gibt es schöne Accessoires wie Badekleidung und Taschen. Alles im beliebten Boho-Style.
Carrer des Pla del Rei 64, Sant Francesc Xavier, www.tuyyoformentera.com, Mo–Sa 10.30–14.00 & 17.00–20.30 Uhr

FREIZEITTIPPS

(1) Wenn du mit der Fähre von Ibiza kommst, legst du im **Hafen** von **La Savina** an, dem Ausgangspunkt für die Erkundungstour auf der Insel. Im Hafenbüro von Ibiza kaufst du normalerweise ein Ticket für Hin- und Rückfahrt. Das Schiff fährt im Sommer tagsüber fast stündlich, im Winter ein paarmal am Tag. Die größeren Schiffe sind stabiler und somit zu empfehlen, wenn du zu Seekrankheit neigst. Du erreichst Formentera in 30 bis 45 Minuten. Baleària und Trasmapi sind die größten Fährgesellschaften.
La Savina Port, La Savina, www.balearia.com/en/routes-timetables/ferry-ibiza-formentera, tgl. 6.00–22.00 Uhr, Preis Fähre Hin- und Rückfahrt 37 € (jahreszeitenabhängig)

(2) Formentera erkundet man am besten mit dem Fahrrad. Wegen der geringen Höhenunterschiede ist diese Insel zum Radeln nämlich optimal. Du kannst auch ein Auto oder einen Motorroller mieten, diese Route ist jedoch vor allem gedacht, um Formentera per Rad zu entdecken. Ausreichend Pausen für einen Sprung ins Meer, Essen und Trinken sind eingeplant. Ein Fahrrad mietest du bei **Moto Rent Pujols** schon ab 10 Euro pro Tag, einen Motorroller ab 20 Euro pro Tag.
Carrer del Vapor Manolito 50, La Savina, www.motorentpujols.com, tgl. 8.00–21.00 Uhr, Mietfahrrad ab 10 € pro Tag, Mietroller ab 20 € pro Tag

④ **Cala Saona** ist ein herrlicher, weiter Strand, den du von der Rückseite über die Stege erreichst. Er ist von Felsen umgeben und in den Sommermonaten ein beliebter Ankerplatz. Der Strand hat sehr feinen Sand und das Meer wird relativ schnell tief. Schau einmal, ob du bei den roten Felsen hellblaue Eidechsen entdecken kannst, die auf Formentera einzigartig sind.
Cala Saona, Sant Francesc Xavier

⑥ An der rechten Seite der Bucht Cala Saona liegt ein Wassersportbetrieb, bei dem du Jetski mieten oder eine geführte Tour buchen kannst. Buchung im Voraus wird empfohlen, damit nicht alle Jetski in Betrieb sind. Mit **Enjoy Watersports** erkundest du viele hinreißende Buchten Formenteras in kurzer Zeit.
Cala Saona, Sant Francesc Xavier, www.enjoy-watersports.com, tgl. 10.00–19.00 Uhr, Preis Tour für 2 Personen ab Cala Saona 150 € (ohne Führerschein)

⑭ **Sant Francesc Xavier** ist der Hauptort von Formentera. Ein farbenfrohes, charmantes Dorf, in dem du das Gefühl hast, ein bisschen in der Zeit zurückgereist zu sein. Weniger kommerziell und in kleinerem Stil als Ibiza, aber der perfekte Ort für einen Zwischenstopp auf deiner Rad- oder Rollertour auf Formentera.
Sant Francesc Xavier

⑰ Der **Platja de Migjorn** zählt zu den weitläufigsten Stränden von Formentera, gut 5 Kilometer Küstenlinie mit Restaurants, schönen Holzplanken zum Spaziergang am Strand und azurblauem Meer. Das ist das paradiesische Gefühl, das du auf Formentera erhoffst. Du kannst die Bucht an mehreren Stellen erreichen, die schönste liegt jedoch an ihrem linken Ende. Dort ist es nämlich weniger voll!
Platja de Migjorn

⑳ Im idyllischen Dorf El Pilar de la Mola findet mittwochs und sonntags am Nachmittag der örtliche **La-Mola-Hippiemarkt** mit Livemusik statt. Hier bieten die Inselbewohner ausschließlich handgemachte Produkte an. Der Markt ist nicht so groß wie der Hippiemarkt auf Ibiza, sondern intimer und gemütlicher. In diesem Dorf scheint die Zeit fast stillzustehen.
Avinguda de la Mola 67, El Pilar de la Mola, fb @hippiemarketlamola,
Mi & So 16.00–22.00 Uhr, Eintritt gratis

A lazy afternoon

(29) Bei Weitem der schönste Strand und das klarste Meer von Ibiza und Formentera: Am **Platja de Ses Illetes** wähnst du dich wirklich in der Karibik. In dieser Bucht liegen häufig viele Boote vor Anker, da es hier eine Reihe luxuriöser Beachclubs gibt. Das Wasser ist sehr lange seicht und deshalb ideal für Kinder. Außerdem ist es schön, die Bucht mit dem Rad anzufahren, weil ein schöner Dünenweg zum Strand führt.

Platja des Ses Illetes

WAS ES SONST NOCH GIBT

Wenn du den Routen aus diesem Guide folgst, erreichst du die wichtigsten Highlights der Insel automatisch. Dennoch gibt es auch außerhalb der Strecken eine Reihe Plätze, die man besucht haben sollte. Sie werden hier kurz vorgestellt. Hinweis: Die meisten Locations sind mit dem Mietwagen oder Motorroller am besten erreichbar, einige auch mit dem Bus.

PLATJA D'EN BOSSA

Der längste Strand der Insel ist ihr turbulentes Zentrum: Hier liegen viele große Clubs. Das macht diesen Streifen bei Jüngeren und Partygängern extrem beliebt. Tagsüber genießt du in luxuriösen Beachclubs auf deiner Liege die Sonne.

Ⓐ Tanzen am Pool, unter dem Sternenhimmel, ist etwas ganz Besonderes. Im **Ushuaïa** steigen die irrsten Partys mit den bekanntesten DJs wie David Guetta. Ein großer Vorteil dieser Events: Am Tag danach bist du nicht so platt, da sie von 19 Uhr bis Mitternacht stattfinden. Danach soll es noch weitergehen? Dann geh zum oberen Ende, dort liegt der Indoorclub **Hï**.

Platja d'en Bossa 10, Sant Jordi de Ses Salines, www.ushuaiaibiza.com, tgl. 19.00–0.00 Uhr, Eintritt 35 €, Bus 11b, 14 Ushuaia

SANT JOSEP DE SA TALAIA

Sant Josep de sa Talaia ist die größte Gemeinde auf Ibiza, weil ein großes Gebiet dazu zählt. So gehören extrem viele Strände (80 Kilometer Küstenlinie von insgesamt 250) und ein Teil des Tals von Benimussa zur Gemeinde. Wenn du durch das eigentliche Dorf fährst, steht auf dem Kilometerzähler jedoch nur ein Kilometer ...

Ⓑ Direkt vor Ankunft an der Cala Comte liegt links eine versteckte Bucht. In der kleinen *chiringuito* **Cala Escondida Ibiza** gibt es Couscous, Wraps und Hummus mit Gemüse. Kein komplettes Mittag- oder Abendessen, aber tolle Snacks zum Getränk oder Cocktail. Hier spielen regelmäßig Gitarristen oder Drummer, die bei Sonnenuntergang für die musikalische Untermalung sorgen.

Carretera de Comte, Sant Josep de sa Talaia, calaescondidaibiza.com, tgl. 9.00–22.00 Uhr, Preis Snacks 8 €

I

H

Ⓒ Direkt hinter der Bucht von Cala Jondal liegt eine versteckte Bucht, die nur über einen etwas struppigen Sandweg erreichbar ist – aber das lohnt sich! In dieser romantischen Bucht wird im Restaurant **Es Xarcu** leckerster Fisch in fantastischer Umgebung serviert. Hier merkst du eigentlich nie, dass Hochsaison ist, so abgeschieden kannst du hier speisen. Die Qualität der Gerichte ist sehr gut. Ein guter Tipp für eine besondere Gelegenheit.

Cala es Xarco, Sant Josep de sa Talaia, www.esxarcurestaurante.com, Mo–Fr & So 12.00–23.00, Sa 11.00–23.00 Uhr, Preis 30 €

Ⓓ Mitten auf dem Felsen, links über der Bucht von Cala Codolar, steht eine beeindruckende Sonnenuhr aus Stein, die **Can Soleil**. Die Spitze der größten Säule in der Mitte ist mit echtem Blattgold überzogen. Sie wird im Volksmund auch Time and Space genannt. Der Besitzer des Cirque du Soleil hat dieses Kunstwerk damals ohne Genehmigung errichtet, weil es aber so schön gelungen ist, haben die Behörden entschieden, es stehen zu lassen. Besuch diesen Ort am besten kurz vor Sonnenuntergang.

Cala Codolar, Sant Josep de sa Talaia

SANT MIQUEL DE BALANSAT

Ibiza hat über 55 Buchten, von denen viele ziemlich verborgen und deshalb auch im Sommer nicht überlaufen sind. Direkt außerhalb des Wohnviertels Isla Blanca am Dorf Sant Miquel de Balansat liegt eine beeindruckende Wanderroute durch den Wald und entlang der Küste, die an einer versteckten Bucht endet, in der du hervorragend schnorcheln kannst: Es Portitxol. Wenn du danach mehr Lust auf Hiking bekommen hast: Der Norden der Insel bietet weitere schöne Wanderwege.

Ⓔ Liebst du Wanderungen mit spektakulären Ausblicken und einer schönen, versteckten Bucht als Belohnung? Dann ist die Wanderung nach **Es Portitxol** eine echte Empfehlung. Nach ungefähr 35 Minuten Abstieg über einen Felspfad aus großer Höhe gelangst du zu dieser hinreißenden Schnorchelbucht. Hier gibt es weder Café noch Restaurant, bring also ausreichend Verpflegung mit. Du parkst am Ende von Isla Blanca und nimmst dann den Felspfad nach unten, dabei links halten. Nicht zu verfehlen!
Isla Blanca, Sant Miquel de Balansat

Ⓕ An einem der schönsten Strände im Norden, Sant Llorenç, liegt ein besonders schönes Restaurant mit großartigem Essen und ausgezeichnetem Service. Alles ist ganz im Stil von Meer und Strand eingerichtet. Gereicht werden typisch spanische, aber auch mediterrane Gerichte mit vielen Optionen für Vegetarier. Schön ist, dass viele Speisen bei **The Boat House Ibiza** zum Teilen geeignet sind. Bestell von allem etwas, damit du viel probieren kannst!
Carrer Cala Sant Vicent A, 3, Cala de Sant Vicent, theboathouseibiza.com, Mo–Do & So 10.00–22.30, Fr–Sa 10.00–23.00 Uhr, Preis 19 €

PORTINATX

Portinatx liegt am nördlichsten Punkt der Insel. Dieser Ort ist wegen der herrlichen Bucht mit drei kleinen Stränden bei Familien sehr beliebt. Direkt dahinter und an den Stränden befinden sich diverse Läden und Hotels. Etwas oberhalb von Portinatx liegt eine Minibucht mit dem Hotel Los Enamorados. In der Bucht kannst du natürlich schwimmen, aber auch Wassersport treiben.

Ⓖ Am nördlichsten Punkt der Insel, Portinatx, befindet sich das besondere Restaurant und Boutique-Hotel **Los Enamorados**. Eine großartig gestylte Location

mit träumerisch-botanischem Flair. Das Essen ist eine Augenweide und sehr schmackhaft, aber die Preise spiegeln das auch wider. In der Boutique wird Boho-Kleidung verkauft, sodass du dich passend für den Ort kleiden kannst.
Carretera de Portinatx 103, portinatx, www.losenamoradosibiza.com,
tgl. 9.00–22.00 Uhr, Preis 21 €, Bus 20a Portinatx

SANT JOAN DE LABRITJA

Dieses hübsche Hippiedorf wurde in diesem Guide schon häufiger erwähnt, zum Beispiel wegen des stimmungsvollen Sonntagsmarkts. Neben dem Dorf selbst zählen auch einige herrliche Buchten zur Gemeinde, darunter S'Illot d'es Renclí. Ein winziges Stück Sandstrand mit fantastisch klarem Wasser zum Schnorcheln und schöne Felsen, auf denen du relaxen kannst. Und direkt daneben ein Restaurant! Hier ist es selbst in der Hochsaison nicht überfüllt, also perfekt, um dem Trubel einmal zu entfliehen.

Ⓗ In der herrlichen Bucht **S'Illot d'es Renclí** kannst du SUP-Boards und Kanus mieten, um die Buchten der Umgebung zu erkunden. Die Bucht selbst ist ausgezeichnet zum Schnorcheln geeignet. Nimm Wasserschuhe mit, weil es felsig sein kann und die Seeigel zwischen den Felsen sitzen. In der Bucht steht das gleichnamige Restaurant, in dem du typisch spanische Gerichte wie Paella verspeisen kannst.
Lugar Venda d'es Niu d'es Corps 26, Sant Joan de Labritja, SUP- und Kanuverleih
tgl. 11.00–18.00 Uhr, Mietpreis SUP-Board/Kanu 15 € pro Stunde

CALA LLONGA

Die Gemeinde Cala Llonga liegt zwischen Ibiza-Stadt und Santa Eulària. Die Bucht Cala Llonga ist wegen des breiten Sandstrands, des seichten Wassers, der vielen Restaurants, des Spielplatzes und der benachbarten Hotels bei Familien sehr beliebt. Direkt vor der Bucht im Hinterland liegt Agroturismo Can Domo. Amante befindet sich auf dem Felsen gleich hinter dem Strand von Cala Llonga.

Ⓘ Auf einer tollen Klippe liegt das hübsche Restaurant **Amante**. Es hat mehrere Ebenen, von denen du immer einen schönen Blick auf die Bucht hast. Ein luxuriöser Ort für Mittag-, Abendessen oder einen schönen Cocktail am Ende des

Nachmittags. Schwimmen kannst du von dieser Klippe aus nicht, aber auf der Liege sonnenbaden.

Cala Sol d'en Serra Calle Afueras, Cala Llonga, www.amanteibiza.com, tgl. 11.00–2.00 Uhr, Preis 25 €, Miete Strandliege 30 €

Ⓙ Nach einer flotten Fahrt auf einem unbefestigten Weg erreichst du das wunderschöne *agroturismo* **Can Domo**. Neben der Tatsache, dass du hier gut übernachten kannst, ist vor allem das Restaurant wegen der fantastischen französischen Küche sehr beliebt. Die französischen Besitzer arbeiten mit einer monatlich wechselnden Speisekarte, für die nur lokale Frischprodukte verarbeitet werden. Abends sitzt du hier sehr romantisch am beleuchteten Pool und an aufwendig dekorierten Tischen.

Carretera Cala Llonga km 7,6, Santa Eulària des Riu, www.candomoibiza.com, Di–So 19.30–23.00 Uhr, Preis 28 €, Bus 15 Sagravad

REGISTER

REGISTER

SHOPPEN

FREIZEITTIPPS

VEKEHR

IN GLEICHER REIHE

ISBN 978-3-7343-2021-7

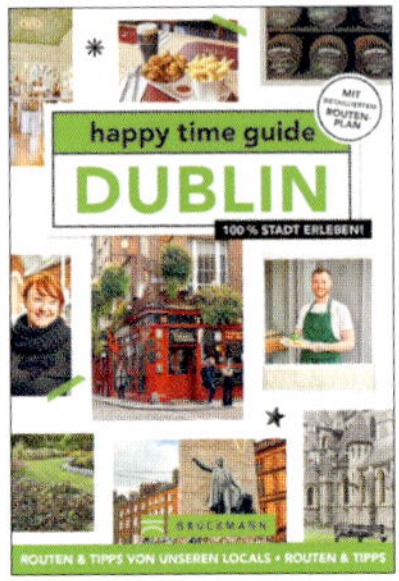

ISBN 978-3-7343-2583-0

ISBN 978-3-7343-1878-8

ISBN 978-3-7343-2582-3

Happy time guide – mehr als ein Reiseführer!

Der happy time guide nimmt dich mit auf unterschiedliche Spaziergänge, auf denen du die Stadt in deinem eigenen Tempo entdeckst und den Lebensstil der Locals kennenlernst. Und das alles, ohne dich vorbereiten zu müssen! Alle Adressen sind persönliche Empfehlungen der Autoren, die in der Stadt leben. Mit inspirierenden Bildern und praktischen Ausklappkarten.

BRUCKMANN

www.bruckmann.de

ERSCHIENEN

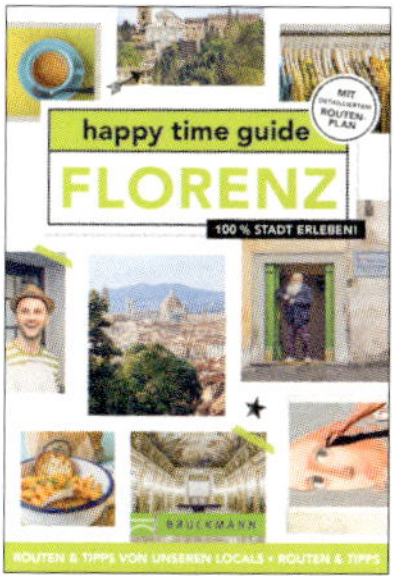

ISBN 978-3-7343-2581-6

ISBN 978-3-7343-2576-2

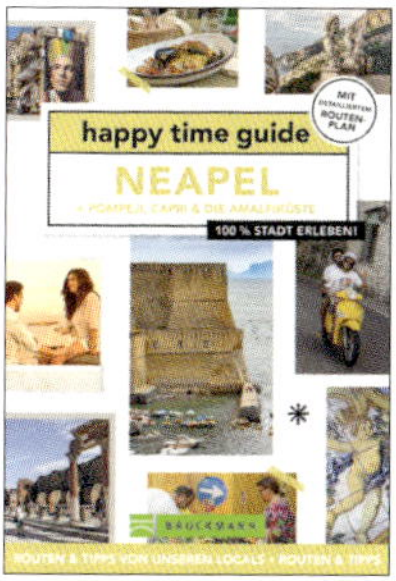

ISBN 978-3-7343-2580-9

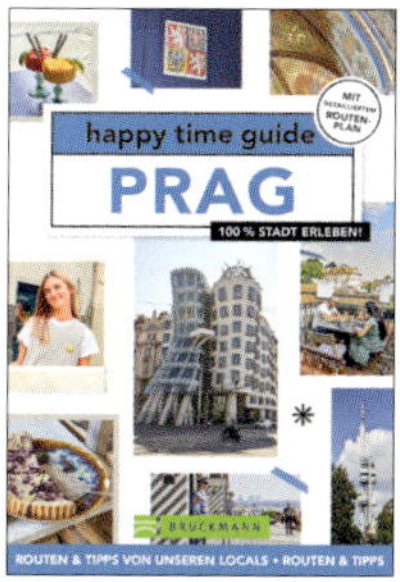

ISBN 978-3-7343-2579-3

ISBN 978-3-7343-2578-6

ISBN 978-3-7343-2577-9

IMPRESSUM

This edition is published by Bruckmann Verlag GmbH
in cooperation with »time to momo«.
Autorin: Juliette Somers
Fotos: Vincent van den Hoogen
Layout: Studio 100%, Oranje Vormgevers
Kartografie: Van Oort redactie en kartografie
Repro: Marcel Beijnsberger / LUDWIG:media

DEUTSCHE AUSGABE
© 2022 Bruckmann Verlag GmbH,
Infanteriestraße 11a, 80797 München

Verantwortlich: Claudia Hohdorf
Übersetzung: Elke Adams
Redaktion: Susanne Maute
Korrektorat: Simona Fois
Satz: mcp concept GmbH
Repro: LUDWIG:media
Herstellung: Alexander Knoll
Printed in Slovenia by Florjancic

ISBN 978-3-7343-2590-8

★★★★★

Sind Sie mit diesem Titel zufrieden? Dann würden wir uns über Ihre Weiterempfehlung freuen. Erzählen Sie es im Freundeskreis, berichten Sie Ihrem Buchhändler, oder bewerten Sie bei Onlinekauf. Und wenn Sie Kritik, Korrekturen, Aktualisierungen haben, freuen wir uns über Ihre Nachricht an Bruckmann Verlag, Postfach 40 02 09, D-80702 München oder per E-Mail an lektorat@verlagshaus.de.

Unser komplettes Programm finden Sie unter www.bruckmann.de

Alle Angaben dieses Werkes wurden von der Autorin sorgfältig recherchiert und auf den neuesten Stand gebracht sowie vom Verlag geprüft. Für die Richtigkeit der Angaben kann jedoch keine Haftung übernommen werden, weshalb die Nutzung auf eigene Gefahr erfolgt. Insbesondere bei GPS-Daten können Abweichungen nicht ausgeschlossen werden. Sollte dieses Werk Links auf Webseiten Dritter enthalten, so machen wir uns die Inhalte nicht zu eigen und übernehmen für die Inhalte keine Haftung.

In diesem Buch wird aus Gründen der besseren Lesbarkeit das generische Maskulinum verwendet. Weibliche und anderweitige Geschlechteridentitäten sind dabei ausdrücklich mitgemeint, soweit es für die Aussage erforderlich ist.

Die Deutsche Nationalbibliothek verzeichnet diese Publikation in der Deutschen Nationalbibliografie; detaillierte bibliografische Daten sind im Internet über http://dnb.d-nb.de abrufbar.